新生代农民工融入城市生活丛书

生存篇

主编 王御覃 冯刚民

编委 王御覃 冯刚民
张国魁 贺宝恕
刘富刚 郭延会
康亚民 金小芳

WUHAN UNIVERSITY PRESS
武汉大学出版社

图书在版编目(CIP)数据

生存篇/王御覃,冯刚民主编.—武汉:武汉大学出版社,2010.10
新生代农民工融入城市生活丛书
ISBN 978-7-307-08113-0

Ⅰ.生…　Ⅱ.①王…　②冯…　Ⅲ.农民—劳动就业—基本知识—中国　Ⅳ.D669.2

中国版本图书馆CIP数据核字(2010)第166841号

责任编辑:聂勇军　　责任校对:黄添生　　版式设计:王　晨

出版发行:**武汉大学出版社**　(430072　武昌　珞珈山)
(电子邮件:cbs22@whu.edu.cn 网址:www.wdp.com.cn)
印刷:崇阳县天人印刷有限责任公司
开本:880×1230　1/32　印张:6.25　字数:137千字
版次:2010年10月第1版　　2011年6月第3次印刷
ISBN 978-7-307-08113-0/D·1031　　定价:16.80元

总　序

21世纪以来，指导“三农”工作的第7个中央一号文件于2010年1月31日发布。一号文件提出，要“着力解决新生代农民工问题”，这是党的文件中首次使用“新生代农民工”这个词。

新生代农民工，通常指1980年代、1990年代出生的登记为农村户籍而在城镇就业的人群。他们生长在农村，初高中毕业后进入城镇就业，或是自幼随打工父母在城镇长大。这部分农民工平均年龄23岁，八成未婚，多数初中毕业，总计约1亿人。

从20世纪80年代农民小规模的“盲流”，到90年代农民开始成规模、有计划地向城市流动，再到21世纪农村学生中学一毕业或没毕业就到城市打工，我国农民的城市化已经从自发被动变成自觉。在这一过程中，根据流动程度大小，我们可将农民工分为三个群体：一是基本融入城市的农民工；二是常年在城市打工、同时流动性较强的农民工；三是间歇或季节性在城镇务工，仍然兼顾农业生产的农民工。目前，第二类是农民工的主体，这些新生代农民工有一个共同特点：排斥自己的农民身份。有关调查显示，新生代农民工中，只有8.7%的人认为自己是农民身份，75%的人认为自己属于工人群体。他们对农业陌生，也不愿像父辈那样回到农村，他们不但文化素质较高，视野开阔（能从报纸、杂志、书籍、电视、网络等多种渠道获取知识、信息），易于融入城市（能成长为现代产业工人和接受城市生活方式），而且更为重要的是，他们拥有理想，富有工作激情，渴望更好的城市生活，期望通过自己的奋斗，能够实现在城市安居乐业的梦想。

然而，梦想很“丰满”，现实却很“骨感”。尽管近年来我国为进城打工农民工出台了许多保障措施，努力提高他们的工作地位，维护其基本权益，力图让他们体面劳动，过上有尊严的生活，但现实面前我们不无遗憾地发现，限于种种困难，这些政策、措施并没有完全落实下去，或暂时无法贯彻执行。在许多城市，一些农民工仍像20世纪80年代那样辛苦一月仍只能得到几百元，抛开基本生活费所剩无几。农民工地位仍很低，不但劳动合同签订率低，而且欠薪、工伤事故和职业病发生率过高。此外，社保体系也不完善，无法实行“一卡通”，造成农民工不愿办理社保。据全国总工会课题组调查显示，目前新生代农民工中，享有养老、医疗、失业保险的比例仅分别为21.3%、34.8%和8.5%。此外，户籍、住房、子女教育也是一个很大的问题。农民工尽管为城市做出了巨大贡献，却无法像城里人那样享受城里人该有的生活及福利待遇等。

因此，农民工朋友要想在城市站稳脚跟，找到一份相应的稳定工作并融入城市，最终成为城市的一员，还有很长的路要走。

但梦想终归是美好的，城市化进程已是大势所趋，农民工融入城市将只是时间问题。有鉴于此，我们特组织专门人员编写了这套《新生代农民工融入城市生活丛书》，这套丛书一共四本，分为认识篇，生存篇，安居篇，融入篇。每本书均定位准确，针对性强，注重实用性、指导性及操作性，无论你是准备进城务工还是想在城市长久生存，还是想在城市安居乐业，均能从本书中汲取相应的养分，寻找到合适答案。

当然，考虑到是针对农民工的读物，本书讲究通俗易懂、言简意赅，对当前困扰农民工的社保、医疗、住房及子女教育等如何融入城市的各种现实问题，本书并没有作太多过于高深的理论探讨。我们认为，对这些共性问题，那只是理论专家的事，是政府领导人考虑的事，而不是本书所要讨论的事，本书的主旨就是以最浅显的论述，最亲切平和的语言，最富有条理的方式，让出门打工者切实认识城市，让进城务工者能在城市学会生存，让有所成就的农民工安居乐业，并为心怀梦想的农民工如何更好地融入城市提供相关指导。

新生代农民工如何融入城市是个大问题，也是现实迫切问题，我们相信，随着全社会对此问题的关注，随着中央系列关注新生代农民工的政策陆续出台，新生代农民工融入城市的脚步声将越来越近，新生代农民工定会同城市市民一样，同踏一方热土，同洒一腔热血，同拥光荣梦想，同享城市文明，同分城市财富。

市民朋友，面对这批数字庞大的“陌生”的城市准市民，你们已经准备好了热情的双手和火热的拥抱么？

编　者

2010 年 6 月

前 言

改革开放的30多年间，我国有近2亿农民往返于城乡之间，实现了从农业就业向非农业就业的转变，中国的城市化率也从1978年的17.9%增长到2006年的43.9%。但是，我国仍将处于城市化快速发展时期，还需要有更多的农村劳动力向城市转移，成为城市建设的生力军。

城市建设正如火如荼，这客观上也带来了巨大的劳动力需求。

亿万世代以种地为生的农民，纷纷背起行囊奔赴城市，希望能抓住历史的机遇，靠辛勤劳动打拼出一片天地，改变自己的命运和生存状态。与此同时，这一行动也为国家建设做出了巨大贡献。

然而，不可否认的是，相当一部分农民进城务工存在很大的盲目性。他们羡慕城市生活，单纯地认为只要进了城，就能找到好工作，享受到美好的现代生活。由于没有做好充分准备，不了解城市的情况和获取用工信息的途径，进城后，才发现自己找不到合适的工作，甚至根本找不到工作，往往迷茫与困惑地发现，自己处于一种尴尬的境地。

另外，有一部分人即使勉强找到一份工作，也由于缺乏必要的文化和技能，只能从事简单劳动，在繁华都市里疲于奔波，忙碌而疲惫，赚不到钱，看不到发展前途，处于一种不稳定状态。

当然，由于我国还存在着城乡差别，存在着封建社会遗留下来的社会成见，这使得农民工在融入城市过程中遇到了不少困难，比如，在工资、社保、劳动合同、劳动环境、劳动保护等基本权益方面，都还有许多问题需要解决。此外，很多农民工在工作过程中还普遍存在不懂操作规程、不懂安全生产要求等，这些问题导致自身权益受损，出了问题也无法得到合理的处理。

针对农民朋友在城市生存过程中遇到的问题，我们编写了这本《新生代农民工融入城市生活丛书·生存篇》，力求用浅显生动的语言，向广大农民工朋友简单介绍外出求职及日常工作有关的基本知识。希望读者能从书中了解到在进城前应做好的准备工作；进城后如何收集和分析招工信息，如何参加面试；找到工作后应以什么样的心态去面对激烈的竞争，如何负责地完成企业交给的各项任务以及如何有效地进行自我防护。书中纲领性地介绍了主要城市、重点行业的招工情况及职业要求，并有重点地分析和介绍了常见的招工、用工骗局，内容丰富而实用。

希望本书对那些来城市务工的农民朋友有所帮助，让大家在务工过程中少走一点弯路——这就是我们的心愿！

相信，一个积极向上且奋发努力的人，一定会用双手赢得属于自己的美好前程。

作　者

2010 年 5 月

目　录

第一章　进城前需要做的准备

俗话说“有备无患”，那么对一个即将离开故土，远赴他乡务工求职的农民来说，做好充分的准备，无疑是非常重要的。只有做好了充分的准备，你的务工生涯才会更加安全、顺利。也许有人会说：“不就是打工吗，带上几个钱，准备几件衣服，然后走人就可以了。”其实不然，务工前的准备可没有上面所说的这么简单，它要求你要做的事情多着呢！在本章中，我们就详细地向你介绍务工准备的各项事宜。

进城务工人员应具备哪些基本条件

进城务工毕竟不是一件简单的小事，它对务工者各方面的条件是有限制的，换句话说，不是任何人都有可能进城务工的。当前，我国农村外出务工人员众多，考虑到我国当前城市的就业形势和农村、农民工的实际情况，并结合相关的法律、法规，有关部门对进城务工人员条件有一些规定，只有符合这些条件，才能进城务工。在国家颁布的《农村劳动力跨省流动就业管理暂行规定》中就规定了这样一些基本条件：

（1）进城务工农民要达到法定劳动年龄，即年满16周岁，并且要有劳动能力。国家严禁用人单位雇用16周岁以下未成年人。

（2）要具备必要的职业技能。我国实行“先培训、后就业”的原则，无论从事技术工作还是简单工作，都应接受岗前培训。

（3）要具备独立承担民事责任的能力，并且不因外出务工而影响承担的法律责任和义务。

进城务工应具备哪些基本素质

进城务工远在他乡，而且还要从事一定劳动强度的体力或脑力劳动和一定范围的人际交往，因此对于农民工自身来说具备一定的身体、心理素质、专业技能和人际交往能力是必不可少的，这将在很大程度上影响农民工今后的择业、就业和生活。通常来说，各位农民朋友在进城务工前应对自己的各方面的素质进行自我衡量，以确定是否能外出务工，到何处务工以及从事何种职业。具体来说有如下几个方面：

身体素质。健康的身体是工作的基本条件，很难想象一个体弱多病的人能够承担繁重的体力劳动。即使从事轻松的工作，身体健康也是前提，所以进城务工必须有良好的身体素质。

沟通能力。在城里必须面对许多陌生人，并要与他们打交道，如果没有良好的沟通能力，就不能让别人认识和了解自己，没办法交朋友，甚至影响正常的生活和工作。因此，必须具有一定的沟通能力。同时，学会说好普通话也是十分重要的。

专业技能。没有一技之长，就只能做一些简单劳动，不仅辛苦，收入也低；而有了一技之长，找工作就相对容易得多，而且报酬也较高。要想在城镇找到相对稳定的工作，并希望在城镇扎根，必须使自己有一技之长。

思想道德素质。一个人的行为造成的影响在城镇比农村要大得多，有时候这种影响甚至是国际性的。这就要求进城务工者要热爱祖国、积极上进、讲道德、讲文明、讲礼貌，有较强的法律意识，能自觉遵守公民道德公约和国家法律。

心理素质。进城务工往往会遇到各种各样的挫折，挫折会引起人们的自卑感、怯懦感，甚至对抗心理。这些不良心理不仅影响自己的工作和生活，也会影响身心健康。因此，在进城务工之前，要做好吃苦受累和战胜各种困难的心理准备，在打工生活中不断锻炼自己，克服自卑，提高心理素质，增强自信和勇气。

要有一定的物质准备。一定的资金，最少应当准备来回旅程所需费用和一个月左右的生活费。如果资金准备不足，一旦遇到困难就难以克服；简单的生活用品和用具；必要的衣物；常用工具，一般要带上小刀、剪子等家常用具，以备需要时能派上用场；文化娱乐用品。外出打工时不妨随身带几本业务参考书、工具书。

1. 进城务工应该具有怎样的思想品质

无论是在农村务农，还是进城务工，也无论是在城镇从事什么样的职业，都不仅仅是为了自己谋生，同时也是为社会作贡献。进城务工的农民与其他各行各业的劳动者一样，都同样肩负着建设祖国的重任。因此，进城务工的农村青年除了具有知识和必要的技能外，也需要加强自身的思想修养，提高思想水平，有正确的政治方向，有积极向上的精神风貌，有自尊、自爱、自强的人格特征。

（1）要具有热爱党、热爱祖国的思想品质。我们无论走到哪里，都要把自己当作社会主义大家庭的成员，在任何时候都不应该为了个人利益而损害国家的利益。要积极地响应党和国家关于建设社会主义政治文明的号召，关心国家大事，关心国家政治、经济形势的发展变化，不断在思想上、认识上提高自己。

（2）树立积极向上的人生观。在我们的周围，凡是那些事业有成的农村青年，都有一个共同的特点，就是他们都有一种积极进取、敢闯敢拼、敢向命运挑战的坚强意志和精神。如果一个人整天无所事事，做一天和尚撞一天钟，在懒惰和玩乐中白白浪费大好时光，那么无论如何也不会实现自己的理想和梦想。到城镇务工应该保持积极向上的人生态度，主动进取的精神面貌，树立积极向上的人生观，具有事业心和社会责任感，才有可能有所作为。

（3）要树立自尊、自爱、自立、自强的人格。农村富余劳动力外出打工是靠劳动吃饭，靠力气挣钱，凭本事寻找机会实现梦想。虽然务工者在工作上与用工单位和用工个人属于雇用和被雇用的关系，但人格上和老板、经理是平等的，务工者应该维护自己的正当权益和尊严。务工者不论在哪里都要自爱、自强。只有洁身自好、自强不息、奋斗不止的人才能受到别人的尊重，才能真正维护自己的人格尊严。

2. 进城务工应该具有怎样的道德品质

社会之所以能够有秩序地存在和发展，就在于每个人都在自己的岗位上遵守一定的道德和法律规范。进城务工者是社会成员的一分子，也必须用社会公德、组织纪律和职业道德来约束、规范自己的行为，不断提高自身的道德修养，做一个文明的务工者。对道德素质的要求包括以下三个方面：首先是社会公德。务工者应该遵循的社会道德规范包括了十分丰富的内容，爱祖国、爱人民、爱劳动、爱科学、爱社会主义；要爱憎分明，与人为善，团结友爱，互助互让；尊重领导，尊重师傅，团结同事，关心他人，助人为乐，见义勇为；讲文明礼貌，遵守公共秩序，爱护公共财物，维护环境卫生，做到在公共场合行为举止有度、不粗俗，语言文明，不说脏话。其次，要遵守组织纪律。无论在什么岗位上工作，都有相应的组织纪律来约束，这是进行正常生产活动所必须的，如果没有纪律的约束，每个人各干各的，正常的生产秩序就无法维持，生产活动就无法进行。所以社会上的各行各业，都有自己的规章制度和工作纪律。这和“日出而作，日落而息”的传统农业劳动方式有很大区别。进城务工者要改变原有的劳动习惯，用组织纪律约束自己的行为，遵守厂规厂纪，坚守工作岗位，服从命令，听从指挥，保证工作的正常运行。再次，有良好的职业道德。每一种职业都要求从业者具有与职业活动相适应的道德规范，这也称为职业道德。如医生要有救死扶伤的人道主义精神，商人要买卖公平、童叟无欺，服务人员要热情周到等都是人们熟悉的职业道德要求。职业道德要求职工有主人翁的态度和对人民高度负责的精神，忠于职守，以良好的劳动态度和工作质量服务于社会和人民。因此，进城务工者要做好爱岗敬业、工作认真负责的思想准备，树立爱厂如家，自觉维护用工单位利益的观念，形成良好的职业形象，在城镇就业后为所在的单位赢得荣誉。

3. 进城务工为什么需要良好的心理素质

良好、健康的心理素质包括：智力正常，思维清晰，有理智，能把握、控制自己；情绪稳定，并善于调节自己的情绪；能正确评价自己，有主见；能正视现实，热爱生活，乐观，追求新事物；善于与同事相处，有和谐的人际关系和积极的人际交往；责任心强，适应能力强，能以积极的态度对待困难等。

从熟悉的乡村到陌生的城市，会体验到工作与生活各方面的巨大差异，由于习俗、习惯、知识、职业的差别，往往使进城务工的农民感到自己与城市社会格格不入。现实与原来的理想、期望存在着巨大的反差。进城务工难免会遇到各种各样的困难、挫折，诸如工作难找、工资低、入不敷出、人际关系冷淡、失业、被人看不起、被盗、受到不公正待遇等。如果没有一个良好的心态，就很难积极地面对这些问题。久而久之，很可能变得悲观厌世，或是走上犯罪的道路。这就违背了务工者进城的初衷，也会给社会造成危害。因此，培养良好、健康的心理素质是十分必要的。

4. 进城务工对身体素质有怎样的要求

身体素质，是劳动者体格和精力的统称。身体素质是人的劳动能力的基础，直接反映了人从事某项工作的能力，反映了身体承受负荷的状态。良好的身体素质是进城务工的重要前提，所有用人单位在招工时，都要求有良好的身体素质。如果找工作的人身体不健康，常常会被拒之门外。因此，进城务工者必须有一个健康的身体，保持旺盛的精力，才能胜任各项工作。不同的职业对劳动者的身体素质会有具体不同的要求。比如从事铸造、冶炼、搬运等劳动强度大的职业，对力量、耐力、平衡、柔韧性要求较高；从事印染、绘画、设计等职业，对眼睛的辨色能力和色彩搭配能力要求较高。务工者首先应该弄清用人单位对从业者生理素质的要求是什么，以便确定自己的务工意向。务工者在进城之前最好到医院做一次身体检查，以衡量自己身体状况与用工条件的适合程度。如有色盲，就不要从事与颜色打交道的工作，四肢有疾患就不要做搬运等重体力劳动。如果身体患有慢性疾病、传染疾病，或是身体很虚弱，医生认为不宜务工时，最好不要进城务工。因为，有以上这些情况的人的体质是没有办法适应务工过程中的奔波和劳累的，弄不好病情加重，落个得不偿失。如果有传染疾病，还可能影响到他人的健康。

5. 进城务工为什么要有一定的文化知识素质

在农村从事传统农业生产，可以靠经验，但到城镇从事现代工业、商业和服务业等劳动，仅仅靠经验是不够的，还需要一定的文化知识素质。现在在城市里无论从事何种职业都需要知识，否则很难甚至是不可能搞好工作的。知识是多种多样的，务工者不可能掌握所有的知识，而且所从事的职业不同对所应掌握的知识也是不同的。一般认为进城务工需要三方面的知识：

（1）基础知识。基础知识是从事一切工作都需要掌握的知识，也就是我们在小学、中学学习的那些知识，如语文、数学、物理、化学、历史、地理等。掌握这些知识不仅能使务工者具有最基本的语言交际能力、写作能力、分析处理事情的能力、计算能力，而且还为务工者进一步学习各种专业知识提供了知识基础。掌握基础知识既是务工者从事各种工作的需要，更是务工者进一步发展的需要。无论在城镇从事什么职业，这些知识都是十分重要的基础。

（2）专业知识。专业知识是从事某一具体职业所要求的特殊知识，不同的职业对应的专业知识也不尽相同，一般认为专业知识包括专业基础知识、操作原理、操作规范、技术标准。无论从事什么行业的工作，都需要有相应的专业知识，需要强调的是，专业知识的积累必须具有很好的文化功底而且还要与具体的职业活动相结合。如果你想从事运输业，你就必须通过学习和培训取得驾驶证，掌握相关的机械知识、交通规则和交通安全知识。你要想进城当售货员，就要有商品的分类、陈列、价格计算、包装、顾客接待等方面的知识。

（3）生活知识。离开祖祖辈辈生活的农村到城镇，进入了一个全新的社会环境。无论是穿衣、饮食，还是居住、出行，都与农村有很大的区别，要适应城市生活，在城镇立足，就需要城市基本生活知识。城镇生活知识包括的内容是十分丰富的，诸如人际交往的知识、基本礼仪礼节知识、交通知识、购物知识、法律知识等，城镇生活知识的学习可以从书本上学习，也可以通过培训来获得，但更主要的则要靠在城镇生活的实践中积累。

社会发展越来越快，科学技术运用越来越普遍，各种先进生产技术和设备随着科技的发展不断地更新，这就对劳动者文化知识素质提出了越来越高的要求。要在城镇从事某一稳定的工作，不仅要求有相关的知识，而且还应该具有不断地获取新知识的能力。劳动者文化知识素质的高低，不但直接影响着自身择业和能否拓展就业门路，也间接影响着整个社会经济发展的速度。

哪些人不适合进城务工

一个人能否外出务工，要根据家庭、自身和当地的具体情况确定。家中劳动力多、耕地少、经济困难，而本地又没有合适的致富门路和挣钱的机会，本人身体好，又有一定的文化和技术，能独立生活并符合外出务工条件要求的，可选择进城务工，或搞多种经营，走农业致富道路。如果有以下的这些情况，最好不要进城务工：

首先，文盲不宜进城务工。因为城市与农村各方面的差别都比较大，无论是出行，还是购物，都需要识字。不具有一定的文化知识，来到城市就像面对一个陌生的世界，只能是手足无措，可能连一个乘车问题都难以解决，更何况其他问题呢？

其次，孕妇、残疾人和体弱有病者，不宜进城务工，因为他们不能进行独立生活。进城务工就是为了工作，是给别人提供劳动或服务，而孕妇、残疾人和体弱有病者，由于身体的原因，往往需要的是得到别人的照顾，所以不适合外出务工。

另外，60 岁以上的男性和 55 岁以上的女性也不宜进城务工。按照劳动法规定，这类人群已属于退休阶段，其身体条件各方面都已大不如前，而参与劳动力市场竞争的大都是年轻力壮的青年，老年人进城很难找到工作，只会给家人带来经济上的负担和情感上的担忧。

同时，低于法定就业年龄（即低于16周岁）的未成年人，也不能进城务工，这是国家明文禁止的。

进城务工前需要准备哪些证件

进城务工需要办理以下证件：

有效居民身份证。居民身份证是证明身份的具有一般法律效力的证明，外出需带好身份证，没有身份证的需办理户籍证明。要严防身份证、户籍证明的丢失与损坏，一旦丢失、损坏，应当立即向当地公安机关报告。

婚育证明。16~49周岁的育龄妇女还必须办理流动人口婚育证明，持本人身份证，以及1寸照片2张（如果已经结婚，就要带上结婚证），向户口所在地的村委会申请办理流动人口婚育证明。

毕业证或学历证明。

能证明自己特殊身份的证件，如军人证、复员军人证等。

凡前往深圳、珠海或其他省（区）边境管理区就业的公民，必须申办边境通行证（目前国家正逐步废除该项规定）。

另外，在外出之前，最好带一些1寸和2寸的免冠照片，以备进城之后办理一些必要证件时使用。

1. 如何办理有效身份证

有效身份证是指有效期内的居民身份证。居民身份证全名叫"中华人民共和国居民身份证"，是发给16周岁以上公民的法律证明。身份证是证明一个人身份的基本证件。进城务工者不论出行、住宿还是求职，都必须持身份证，因而必须随身携带。

年满16周岁的中国公民，应当向常住户口所在地的户口登记机关履行申领居民身份证手续。公民在申领居民身份证时，需要填写"常住人口登记表"，交验户口簿，交近期标准相片两张，并且按照规定交纳证件工本费。

公民遗失居民身份证时，应当立即向公安机关报告，并向常住户口所在地的户口登记机关申领临时身份证。从报告之日起3个月内仍未找到的，应当立即向常住户口所在地的户口登记机关申报补领新证。

2. 如何办理流动人口婚育证明

年龄在16~49周岁的外出流动人口（本书只针对农民工）离开户籍地时须办理全国统一的流动人口婚育证明。

关于流动人口婚育证明办证程序，从2003年8月1日起实行上门办证制度，具体程序如下：

本人申请。流动人口育龄人员离开户籍地前，应当持有合法的婚姻、身份证件和办证工本费5元向村计生专干提出申请。

专干审核。村计生专干对育龄人员的计生情况进行审核，符合办证条件的，填写流动人口婚育证明申请表连同婚姻、身份证件、工本费代育龄人员到当地乡（镇）计生办办理婚育证明。

不符合办证条件的，书面说明理由。

乡镇办理。乡镇计生办在收到村计生专干报来的育龄人员的相关材料后，应在当日发给婚育证明。

送证上门。婚育证明办妥后，村计生专干将婚育证明送到育龄人口手中。

注意事项。流动人口婚育证明的有效期为3年，持证人员应当在婚育证明有效期届满前或者婚育情况发生变化后30天内到原发证机关换领新证。已婚育龄妇女还应签订流动人口计划生育合同。已生育子女的，还应当提交由施术单位或者计划生育部门的避孕措施情况证明；计划外生育的，还应当提交处理执行情况证明。成年流动人口应凭现居住地乡镇、街道查验过的流动人口婚育证明到公安部门办理暂住证，到工商行政管理部门办理营业执照，到劳动部门办理务工许可证。不按规定办理流动人口婚育证明，经现居住地乡镇、街道计划生育管理部门通知后，逾期仍不补办的或者拒不交验流动人口婚育证明的，由现居住地县级以上人民政府计划生育行政管理部门给予警告，并处以500元以下的罚款。

3. 哪些地方务工需要办理边境证

务工者外出务工前一定要了解清楚，到达的地方如果是国家的边界城市或特区，有些地方还需要办理边境证。这些边境地区主要有黑龙江省、新疆维吾尔族自治区、西藏自治区、广西壮族自治区、广东省、云南省、甘肃省以及内蒙古自治区中的一些市、县，诸如广东省的深圳市、珠海市等。边境通行证的全称是“中华人民共和国边境管理区通行证”。

办理边境证首先要做的是向户口所在地的县级以上公安机关或者指定的公安派出所提出申请。办理的具体程序如下：

(1) 应当到常住的户口所在地公安分局或派出所领取并填写“边境通行证申请表”。

(2) 要经当地居委会、治保会加签意见后，由户口所在地公安派出所审核。

(3) 要持派出所审核过的“边境通行证申请表”和本人的居民身份证，向所在地县以上公安机关或者指定的公安派出所提出申请。

公安机关根据有关规定，予以审核发证，同时根据你所要求的有效期收取证件工本费。

目前，国家鼓励人口迁移，除特别规定地方外，各地边境证均已得到取消。

务工信息与途径

1. 获取务工信息的途径

获取务工信息是农民外出务工的前提，农民工获取务工信息的途径有四种。

(1) 从乡镇劳动保障事务所和县农村人力资源开发办公室获取。

(2) 通过已在城镇务工的亲朋好友，或从家乡外出的其他人获取信息。

（3）通过电视、报纸、杂志、广播等途径获取务工信息。

（4）从中介服务机构获取信息。

2. 怎样选用务工信息

当看到用人单位的招工简章，如果你对用人单位的工作感兴趣，请对招工的工种、工作条件、工资报酬、生活条件、工作地点、气候等是否适应个人的条件、爱好和打算等要全面衡量，最好再征求家长和亲友的意见，慎重选择。

3. 进城务工途径

对打算进城务工的人来说，首先是如何找到工作，概括来说，进城务工的途径主要有以下几种：

（1）他人介绍。“他人”可以是亲友，也可以是同乡，他人介绍是目前农民进城务工最主要的途径。在城镇务工的亲朋好友不仅有在城镇工作的经验，也了解进城务工的相关信息，特别是他们所在单位用工的信息。这些信息不仅可靠，而且竞争少，是获取务工信息简单有效的途径。但人有好坏，如果对帮你介绍工作的他人有较深的了解，并且他是可以信赖的，通过他的介绍往往是获得工作的好途径。如果为你介绍工作的他人品行不端，那就不能轻易相信，否则很有可能上当受骗、误入歧途。

（2）用人单位直接招用。有些城镇用人单位需要招用农民工时，会派工作人员直接到当地招收。这种途径不仅可以节约找工作的时间，也节省进城找工作的费用，给进城务工的农民提供了很大的方便。需注意的是一定要考验用人单位招工的真实性和可靠性，以免上当受骗。

(3) 从当地的县、乡劳动就业服务机构获取信息（比如县劳动就业服务机构，乡、镇就业服务站等)。这些部门负责所在地的劳动就业服务工作，承办农村劳动力跨省流动就业服务的具体事务，常年提供各类就业信息。

(4) 只身一人闯天下。在没有其他途径的情况下，只身一人进城，根据可能的工作机会，到城镇寻求发展，这有利于自身生存能力的提高和独立创业精神的培养。这种途径盲目性大，风险性高，要求具有较高的素质和抗挫折的能力。对没有外出务工经验的人来说，这不是最好的途径。

(5) 通过报纸、杂志、广播、电视、网络等途径来获得进城务工的信息。现在许多报刊都有专门刊登就业信息的版面，可以很容易找到相关的务工信息。由于这些信息来源复杂，使用这些信息时要注意筛选，避免上当受骗。

(6) 通过中介组织介绍。如职业技术学校、旅游学校、信息服务中心等职业服务中介组织等，这些中介组织能提供相当多的就业信息，但这些中介组织一般要收取一定的中介费，而且一些不健全的中介组织所提供的信息可能会具有误导性。因此，建议农民工朋友在选择中介组织时一定要小心，应对其进行很好的了解，选择那些具有很好口碑和信誉的中介。

4. 找谁介绍工作才不会上当受骗

社会上确有少数不法分子利用求职者“求职心切”和“没有经验”，以介绍工作为名骗取钱财，或打着“合法”的牌子骗取钱财。为此，求职者最好是：第一，到各级劳动社会保障部门举办的职业介绍机构求职；第二，到劳动社会保障部门批准的职业介绍机构求职，必须是证照齐全、收费有据、服务配套、信息真实的职业介绍机构；第三，到经劳动社会保障部门批准直接面向社会招工的用工单位求职。

务工前培训

1. 为什么进城务工要有一技之长

在整个城市的职业体系中，有成千上万的职业类型，这些职业对人的要求是各不相同的，有的要求从业者具备高深的知识，有的则要求从业者具备一定的技术操作能力。一技之长是指从业者具有的技术特长，它不仅是一个人能力和素质的具体体现，也是社会发展对人的素质的必然要求。据专家们分析，我国目前最需要的人才，不是有文凭的知识型人才，而是有操作技能的技术型人才。换句话说，目前我们最缺乏的是具有一技之长的劳动者。缺乏技术劳动者是我们国家产品质量不高的主要原因，因此要提高产品的质量，增强产品的国际竞争力，就需要大批的具有一技之长的劳动者。但是我们的教育始终没有摆脱升学教育的模式，重知识轻技能的观念还普遍存在着。如果我们了解社会对劳动者的需求趋势，自觉地使自己成为具有一技之长的人，就等于获得了进入城市职业分工系统的敲门砖，不仅获得工作的机会大大增加，而且所获得的报酬也比一般劳动者高得多。实际上，许多进城务工农民在进入城市后发现自己根本无法立足，要么是找不到工作，要么是所找工作太苦太累挣不到钱，最后只好打道回府。这其中最主要的原因就在于没有一技之长。从这种意义上讲，获得一技之长不仅是立足城市的条件，也是发展自己的基础。

2. 如何使自己有一技之长

我国目前不仅需要有文凭的知识型人才，更需要有操作技能的技术型人才。换句话说，目前我国最缺乏的是具有一技之长的劳动者。每一项工作都有其特定的技能和要求，木工、瓦工、钳工固然是一技之长，汽车驾驶、计算机操作、家电修理也是一技之长，而家政服务、商品推销、摆摊售货等看似简单的工作，同样需要很多技能。

那么如何才能获得一技之长呢?

要努力学习传统技艺。学习传统技艺有些要靠师傅带徒弟的方式，有些则是从父辈那里耳濡目染学到的。作为农村有志青年要善于发现和利用民间传统工艺和传统产品的价值，这不仅可以使自己掌握一技之长，有助于就业，也使地方传统文化在新的形势下得到继承和发展。

要向有经验、有技术的人学习，拜他们为师，尤其是当地那些曾经进城务工，而且比较成功的人。他们知道进入城镇会遇到什么问题，什么样的技术在城镇是最需要的，也因为他们曾经在城镇工作过，积累了一些技术和经验，所以，向他们学习是最有效率的。

要抽空参加职业学校的培训。学校教育是现代社会获得一技之长的最重要的途径，你可以从各种各样的职业技术学校或技术培训机构，有针对性地学习计算机、修理、美容、烹饪、服装、销售等技术。参加职业技术培训不仅能学到技能，还可以获得一些就业信息。

需要指出的是，一技之长并非一朝一夕能完成的，需要努力学习和长期的积累。

3. 务工前接受培训的必要性

我国实行“先培训后就业”的就业原则，这是一种就业制度。培训能使务工者事先了解进城务工的相关知识，增强自身竞争能力。

4. 培训的种类及参加培训的途径

进城务工前培训的内容十分丰富，我们可以归纳为以下三个方面的内容：

（1）基本技能和技术操作规程的培训。包括不同行业、不同工程、不同岗位的技能培训，如车工、电工、装饰装修工、花卉园艺工、护理工、厨师、家用电子产品维修工等。

（2）政策、法律法规知识培训。如《劳动法》、《合同法》、《职业病防治法》、《治安管理处罚条例》等，增强务工者遵纪守法和利用法律保护自身权益的意识。

（3）安全常识和公民道德规范培训。如劳动安全、交通安全及公共道德、职业道德、城镇生活常识等，增强务工者适应城镇生活的能力，养成良好的公民道德意识。

常见的培训途径有以下几种：

（1）县、乡镇劳动服务机构举办的培训班。这些培训班的培训内容和就业去向一般具有针对性，有些是和招工单位联合进行的，培训结束后就可走上工作岗位。

（2）职业高中、技校、夜校和农业广播电视学校等专门的职业培训学校。诸如烹饪学校、驾驶学校、计算机培训学校、家电修理培训班等。这些学校专门从事各类专业的技能培训，具有较完善的办学设施、较强的师资力量，既可以学到较系统的知识，也可以在短时间内掌握一定的技术，是目前进城务工农民获得有关专业技能的重要渠道。

（3）电视学校或网络学校的培训。我们所处的时代是信息时代，电视、广播和网络给人们带来了大量的信息，是现代人们获得知识和技能的重要途径，这被称为远程教育。目前国家通过远程教育开设了上百个可供选择的专业，远程教育越来越成为当代农村青年获得进城务工知识与技能的重要途径。

选择何种培训方式，需要根据自己的文化基础、经济实力、就业去向和兴趣等因素综合考虑。学习是一个持之以恒的过程，进城务工之前要学，进城务工之后仍要不断地学习，这样才能不断提高自己的工作能力。

5. 进城务工之前为什么需要练好普通话

普通话是以北京语音为标准音，以北方话为基础方言，以典范的现代白话文著作为语法规范的现代汉民族的共同语。很难想象没有语言我们的社会将成为什么样子。现在全国大力推广普通话，绝大多数的城市都以普通话为主要沟通语言，而 1997 年召开的全国语言文字工作会议确定了 21 世纪我国语言文字的目标，要求在 2010 年以前，普通话在全国范围内初步普及，21 世纪中叶以前在全国范围内普及。对于北方农村的人来说，普通话一般不会成为进城务工的障碍，但是对南方以及一些边远地区的人来说，如果自己家乡的方言与普通话相差甚远，自己的口音又很重，进城之前练好普通话就极为迫切了，否则你在城市将寸步难行。大量的事实证明普通话是农村富余劳动力进城务工的一道门槛。练好普通话，不仅能使自己在应聘时给对方留下一个好的形象，增加找工作的成功率，同时又能保证让别人理解自己所说的话，更好地表达自己的想法，让别人认识和了解自己，这样才能在城市立稳脚跟，找到自己适合的工作。试想一下，如果一个人说的话别人都听不清楚，即使他工作干得很好，但由于无法与人有效沟通，就无法在合作中打动别人，这无形之中就削弱了自己的竞争力。同时，语言上的障碍也会使自己不能与其他人交流思想、感情，这使自己显得很孤立，在情感的满足上存在着遗憾。所以，重视普通话训练是必要的，有条件的人可以参加普通话水平测试，通过学习消除交流与沟通中的语言障碍。

安排好家里的事

1. 进城务工后原来承包的土地怎么办

农民进城务工前原来承包的土地必须妥善处理，我国土地法明确规定不能撂荒土地，如果因进城务工而使承包的土地撂荒，属于违法行为。农民工朋友可以参照以下几种方式将土地进行处理：

（1）进城与农业两不误的农民工可以选择在农忙时期耕种

承包的土地，充分利用农闲时期进城务工，一举两得，平时的田间管理可以委托亲戚朋友帮助管理。

（2）常年在外务工的农民朋友，如果家中还有其他劳动力，可以请家里的其他人帮忙耕种，其他人可以是自己的妻子、兄弟或者是身体健康的父母，当然也可以交给自己的亲戚朋友，让他们代为耕种。

（3）如果家中没有可以代为耕种的劳动力，则可以将土地转包给其他希望耕种的人。将土地转包时，双方尽可能地协商好，明确各自的权利、义务，遵守双方互惠互利的原则。最好能够跟愿意承包的人签订责任田管理合同等书面的协议，这样可以避免一些今后可能会发生的不必要的纠纷。

2. 如何安顿好父母

赡养父母是每个儿女必须承担的义务，对于父母健在并且具备独立生活自理能力的农民工朋友来说，安顿父母较为容易，可由父母自理生活，但必须保证父母的生活费，并尽可能地安排其他亲戚朋友适当照顾。

对于父母年迈或身体不好，不具备独立生活能力的农民工来说，可以由其他的负有赡养义务的兄弟姐妹帮助照顾，但事前必须协商好。如果兄弟姐妹无能力照顾父母的（不在家或没有赡养能力）就可以委托其他亲戚朋友帮助照顾，事前应与对方协商好，最好以书面形式明确双方的权利和义务。

3. 如何安排子女就学

孩子是祖国的未来，孩子享受九年义务教育的权利是受法律保护的。要想让自己的孩子成才，就应该重视孩子的教育。作为父母无论到哪里就业都不可荒废对孩子的教育，对进城务工的父母来说，让孩子受教育的方式不外乎两种：

一是继续在农村接受教育。由于务工者初到城市，对城市的生活还没适应，或者从事的工作不便于照顾孩子，或者是因为教育花费等种种原因，不能将孩子带在自己的身边，只有让孩子留在家乡的亲人身边，在农村学校接受教育。进城务工者可以通过书信、电话等方式关心、督促、检查孩子的学习情况。

二是随父母到城市接受教育。把孩子带在自己的身边，这种教育方式要比第一种效果更好。来到城市里，应该让孩子到正规的学校接受教育。

一般来说，农民工孩子在城市可以就读的学校主要有三种：

第一种是务工者自办的学校。这种学校是进城务工者为解决自己的孩子的教育问题自己举办的学校，主要以小学为主，设施较为简陋，教学质量不高。各个地方对这类学校的态度不一，有的支持，有的坚决取缔。在为孩子选择学校时，父母一定要为孩子把好关，尽量让孩子接受质量好些的教育。

第二种是城市公办的学校。在这类学校里就读花费比较高，因为外地子女在城市公办学校里借读，可能会需要交纳一定数量的“借读费”或“补偿金”或“赞助费”等，一般的打工者无法承担。但现在也有很多地方开始不收这些费用了。到城市公办学校读书是较好的选择，毕竟这些学校的教学条件和教学质量比务工者自己办的学校要好得多。

第三种是私立学校。这种学校办学条件比较正规，教学设备也比较齐全，教师配备也符合国家规定，教材也按国家统一规定使用，但是收费很高。如果进城务工者有一定的经济实力，能够承受学生的费用，可以考虑让孩子到这类学校接受教育。

选择合适的交通工具

1. 火车

火车具有速度快、运载旅客多、安全可靠、费用低等优点。火车有特快、直快、普快等车次，现在还出现了 D 字头的高速列车，同一车次也有硬座、软座、硬卧、软卧等不同票价的座位。

乘坐火车首先要做的是购买火车票。买好车票，进站上车时，要走规定的车站检票口，接受车站工作人员的检查。需要通过天桥和地下通道时，不要为了图省事而从列车底部穿行。当列车进站时，不要越过站台边缘的白色安全线，因为列车进站时不但速度快，而且风力大，如果站得太近，就有被卷到站台下的危险。在列车尚未停稳时，不要忙着往车上挤，更不要爬车窗，应该在列车工作人员的指导下，有秩序地依次上车。列车开动时，不要与车下送行的亲友握手或者递东西。在列车运行过程中，不要把头或手伸到窗外，不能把杂物扔到车外，以免发生危险。随身携带的行李，应该在行李架上放好，以免列车震动时掉下来砸伤他人。在列车上要注意饮食卫生，注意保管好自己的财物。不要带易燃易爆等危险品上车。如果上车前来不及买票，一定要在上车后及时补票，否则，出站检票时一旦被发现是无票乘车就会被处以全程车票票款三倍的罚款。

托运行李分为快件和慢件。快件是随自己所乘坐的列车或到达时间与这趟列车最接近的同一路线的其他列车运走的行李，快件费较高，一些急需的又不是太重的物品，适合于快件托运。慢件是按照列车货物运输的程序，通过列车的合理编组，在一定日期内将物品运到目的地的一种托运方式，慢件托运的特点就是价格比较低，时间长，大件而又不是急需的物品，可以选择慢件托运。在办理托运手续时，带好自己的有效车票和身份证明，将托运物品交给工作人员检查，然后按照有关要求进行包装、捆绑。切记不能在行李中夹带易燃、易爆和易腐蚀的危险品。提取行李时一定要到准确地点去办理，不要交给他人代办，特别是不要交给那些看似热情的托运行李“代办人”，以免上当受骗。

2. 长途汽车

长途汽车站不像火车站那样有固定的站台及较多的安全管理人员，车站上纵横行驶的车辆较多，乘客在上、下车时，不要从车前、车后突然跳出，或者快速追车、拦车。为了安全起见，乘坐长途汽车时应该按车站规定的乘车方法进站上车，不要任意在长途汽车站的停车场里扒车或者拦车。

特别要注意：不乘坐超载的汽车；不携带易燃、易爆等危险品上车；不坐到汽车顶部的行李架上；也不能将头、手等伸出车窗外。还要注意的是：不要在车厢内吸烟；不要与司机聊天；遇到路况不好时，不要惊慌，要听从司机或乘务员的指挥；在汽车还没有停稳时，不要急于从正在行驶的汽车上跳下，以免发生意外。

3. 轮船

在买到自己所需要的船票后，要按照票面所指定的船只、航次、日期乘船。注意一定不要乘坐超载的轮船。按照规定，乘船时严禁携带易燃、易爆品。此外，上船时也不能携带易腐蚀的液体物品，因为船在航行时晃动幅度较大，若遇到晃动、碰撞或其他因素，容易发生液体物品渗漏等现象，会危及轮船及其他旅客的财产安全。上船后，要按照票面所规定的舱位和地点落座及存放行李，随身携带的行李不能乱放，尤其不能放在堵塞通道或者靠近水源的地方。轮船在夜间航行时，不要用手电筒向水面、岸上或其他船只乱照，以免被驾驶员误认为是船只的航行信号，引起其他船只或导航人员的误会而发生意外。船上的救生、消防设施都有明确的标志，并且放在人们易于拿到的地方，这些物品的使用与管理都有一定规范。乘坐轮船时不要随意挪动它们，更不可用来打闹和玩耍。当轮船到达目的地后，轮船在靠码头时，一般需要一个停靠的过程，不要急于下船，要遵守秩序，服从工作人员的指挥，不要一窝蜂地挤上岸，也不要过于集中在船的某一侧，以免导致船体倾斜等危险。

4. 飞机

飞机是一种方便快捷的交通工具，与购买火车和汽车票相比，购买飞机票是比较方便的，在多数大中城市都有多个飞机票售票点，在许多宾馆、饭店还有代售点。需要注意的是，购买飞机票时需持本人身份证。乘坐飞机需要办理的手续较为复杂，最好把登机时间留得宽裕些，以免误机。进入飞机内，按照所购机票的类别和座号入座，不得随便走动。在机舱内，不准吸烟，不准打移动电话，以免影响飞机安全飞行。在飞机起飞、降落和发生颠簸、摇晃时，要系好安全带。如感到不适，应及时与乘务员联系。在机舱内备有灭火设备、氧气设备和紧急出口设施，在飞行中，乘务员会将这些设施的使用方法向旅客介绍和示范，这些设施只能在飞机发生紧急情况时，由机组人员组织旅客使用。在飞机上遇到什么问题或什么事情，可以直接找乘务员，她们会为你提供热情的解答和帮助。

务工途中注意事项

1. 务工途中应该注意些什么

确保旅途的安全，这对于每一个人，不管是头一次出远门还是经常出门在外的人来说，都是非常重要的。要想在路途中安全地抵达目的地，就应该注意以下几个方面的问题：

(1) 注意人身安全。进城途中保护好自身的安全是第一件大事。一般来说，在进城途中对务工者人身安全威胁最大的因素有两个：一是交通事故，二是不法分子的侵害。为了避免交通事故的发生，我们建议务工者在乘车（船）时最好不要为了贪图一时便宜而搭乘非客运的车辆（船）或者违规超载的车辆（船）。乘坐车（船）时一定要遵守车（船）上的安全规定，不要我行我素。目前随着国家对车匪路霸的打击，列车上严重侵害旅客生命安全的不法分子几乎得到根治，但小偷小摸等扒窃现象仍在所难免，碰到这些情况，在保护好自身安全的情况下，要勇于同这些不法分子作斗争，或打110报警。

（2）保管好钱和箱包。旅途中情况复杂，难免会遇到小偷或骗子。所以，钱最好分开存放，数目较大的放在贴身的地方，留出少量零用钱放在外衣口袋，最好不要全都放在背包或者后裤兜里，以免小偷在你不知不觉中偷走；不要轻易在众人面前掏钱或者数钱，以免被坏人盯上；不要把装有钱的背包或上衣随手挂放，这很容易让小偷得手；随身携带的箱包也要保管好，暂时离开时最好请旁边信得过的人帮忙看管。

（3）注意饮食卫生。不要吃过期变质的食品，以免发生食物中毒。路上最好吃一些清淡的、容易消化的食物，不要酗酒。旅途中生病，很难得到及时而到位的救治，要随身带一些治疗感冒、腹泻、晕车呕吐的药。

（4）控制好奇心，不要凑热闹。在旅途中特别要注意不要围观，不要和不三不四的人凑热闹。不要轻易接受你还没有了解的人递来的香烟、饮料等，不随便吃陌生人送来的东西。和对方交谈时，要从对方的言谈举止中分析对方的诚意，小心上当受骗。如果是女性，不要轻易听信陌生人的花言巧语，不要随便跟不认识的人走。

（5）讲礼貌，懂宽容。在旅途中要注意礼节、礼貌，保持一种宽容、轻松的心态。与他人友好地相处，不要与他人发生冲突，以免带来不必要的麻烦。如果无意中冒犯或者伤害到他人，要及时地道歉。

（6）中途换车不要远离车站。旅途中如果需要换车，最好选择在车站休息，不要离开车站太远，以免到了该上车的时候因意外事故回不来，无端耽误旅程的安排。

2. 晕车、晕船有哪些简单防治方法

晕车、晕船是旅行中常见的现象，表现为恶心、唾液分泌增加、头痛、头晕、呕吐等。

下面的几种方法可以防止或减轻这种情况的发生：

(1) 服用胃复安、乘晕宁等药。

(2) 用风油精涂擦太阳穴，也可在肚脐上贴伤湿止痛膏。

(3) 食物疗法：不宜过饥、过饱，可吃七八分饱；不宜吃不易消化、油腻食物；将鲜姜切片，装于小塑料袋内随身携带，乘车（船）时随时放于鼻下闻，也可将鲜姜片固定于肚脐上，等等。

此外，在旅途中应该尽量做到以下几点：

(1) 放松精神。乘车（船）时不要紧张，不要总想着会晕车（船），可与人聊天分散注意力。

(2) 睡眠要充足。旅行前要有足够的睡眠，保持良好的精神状态，可提高身体对运动刺激的抵抗能力。

(3) 不要看窗外飞驰而过的景物，不看书、报，不玩扑克，最好闭目养神或睡觉。

3. 进城务工途中走失了怎么办

首先应该做到的是不要慌张，先停下来，冷静地思考应对的办法，一般来说，可以采取的办法有以下几种：

(1) 找当地居民或者警察帮忙。如果迷失的地点是乡村，我们可以向当地的居民求助。如果迷失的地点是在城镇，除了可

以询问当地的居民以外，还可以找警察帮忙。警察对他所在的城镇比较熟悉。一般在一些重要的交通路口、路段都有交警、巡警，遇到困难可以随时找他们帮忙。

（2）看路牌、门牌号码和建筑物的名称。在城镇每条道路的路口一般都设有路牌，上面标明了路名和该路的走向，由此可以确定东南西北的方向。门牌标号可以告诉我们所在地的地点名称，它一般标注在马路两边的墙上，分单、双数在路的两侧，并按顺序排列。一些大型建筑物的名称，也可以作为判断自己所在方位的依据。

（3）查找地图。根据地图可以做出以下判断：自己所在的地方，找到要去的地方，知道怎么去。地图上确定方向的方法是“上北下南，左西右东”。各种标记代表什么，可以看图例说明。

（4）打电话求助。如果知道你要去的工作单位的电话，可以求助于他们，或者可以拨打当地的求助电话。如果不知道或丢失了联系电话，可以拨打“114”询问，然后再打电话联系。

第二章 选择适合你的城市

全国主要的打工城市

1. 全国主要有哪些劳务输入地

目前我国的劳务输入地主要集中在以下几个区域：

（1）珠江三角洲，包括广州、深圳、珠海、东莞、中山、佛山、惠州等城市及其近郊；

（2）长江三角洲下游沿线区域，包括常州、宜兴、无锡、镇江、南京和上海等城市及其近郊；

（3）闽东南地区，包括福州、厦门、泉州；

（4）环渤海地区，包括北京、天津、大连、青岛、烟台、威海等城市；

（5）中西部地区，包括武汉、成都、西安、兰州等城市；

（6）以山西大同为中心的矿区。

2. 北京有哪些打工机会

近年来，北京市建筑、餐饮、零售、保安、加工制造等行业大量需要农民工，其中从事建筑业的农民工超过一半。

目前，北京市需使用外地务工人员的行业和工种，由北京市劳动和社会保障局会同有关部门根据各行业劳动力的需求状况，每年定期公布。有意到京打工的朋友，可以以媒体每年第一季度公布的当年各地劳动力需求状况作为参考。从北京市劳动和社会保障局发布的近几年北京地区的用工需求信息来看，商业服务业用工缺口最大，而建筑业的用工需求将有较大幅度下降。需求人员较多的职业是：营业人员、环境卫生人员、治安保卫人员、裁剪缝纫人员和餐厅服务员。此外，北京市已全面取消了对外地到京找工作人员的职业和工种限制，绝大多数岗位不再要求北京市户口，而且北京市还将对外来务工人员实行就业登记制度。

需要注意的是，为控制外地人员盲目零散进京，促进劳动力跨地区有序流动，北京市用工量较大的行业和部门，已与输出地区劳动保障部门合作，在当地建立起劳务基地，有组织地从劳务基地招收外地人员。这是北京市招收外地人员进京务工的主要渠道。

3. 广东有哪些打工机会

目前，广东劳动密集型行业如建筑业、制造业、纺织业、矿山、环卫及餐饮服务业等打工机会较多，而新兴服务业如物流、会展业等行业发展势头良好，服务业用人将继续呈现上升趋势。

从紧缺工种上观察，需求较为紧缺的十个工种依次是：营业员、机械冷加工工人、部门经理和管理人员、治安保卫人员、餐厅服务员、行政事务人员、环境卫生人员、机械热加工工人、饭店服务人员等。

4. 上海有哪些打工机会

作为全国的经济中心和金融中心之一，上海的工业总产值占到全国的1/10，利税约占全国的1/5，内外贸易额居全国首位，金融机构资产总额占全国比重将达一成。在未来五年，上海将冲刺全球金融中心地位，成为更大的金融产品创新中心、金融市场交易中心、国内外金融机构集聚中心。

据上海市职业介绍抽样调查结果显示，从岗位上看，营销采购、生产制造、客户服务岗位的招聘需求一向保持旺盛，行政办公、财会审计类岗位将有所减少。随着连锁超市业的迅速发展，各类超市卖场为求职者提供了大量的就业机会。超市卖场提供的岗位种类多样化，除了收银、理货、保安等传统的超市卖场岗位之外，厨工、面包制作工、烘焙工、水电工、导购、电器设备维修等岗位需求增长也很迅速。

上海服务业劳务工的求职方向多在市区，这里集中了大量的酒店、餐厅、商场、配送中心，需要大量客房、餐饮、快递、收银等服务人员，其中黄浦、卢湾、静安、长宁、徐汇等区提供的相关岗位数最多，求职者可前往这些区的职介中心找机会。

对愿意从事制造业一线工作的人员来说，可以多关注青浦、闵行、松江、嘉定等区县的人才需求信息，因为这几个区县集中了沪上众多制造型企业，用工需求非常大。可以到这些区县的人才网站、现场招聘会、区县职业介绍中心等了解用工信息。

5. 江苏有哪些打工机会

江苏的新兴工业城市如苏州、常州、吴江、宜兴、无锡、镇江等地打工机会相对较多。在吴江，由于乡镇企业较为发达，当地农村剩余劳动力就业较充分，需要招用外地农民工承包责任田；特种水产养殖业也需要招用一定的外来劳动力；乡镇企业（比如属劳动密集型的丝绸行业）也为打工者提供了一些就业机会；服务性行业如酒店饮食业及美容美发业等也需要招用外地务工人员。在宜兴，建筑、矿山、农产品加工等行业需要招用外地务工人员；服务性行业如饮食业及美容美发业也提供了不少就业机会。在无锡、常州打工者的就业机会主要集中在轻纺、机电、电子、化工等行业中的某些工种；服务性行业如酒店饮食业及美容美发业也需要招用外来务工人员。

6. 烟台、青岛有哪些打工机会

烟台打工机会主要集中在：海上捕捞、海产品养殖、海产品加工、建筑、港口作业、缝纫、石材加工、粉丝加工、矿山开采、冶炼、蔬菜加工等较为苦脏累的工种以及餐饮行业。

在青岛，主要的打工机会除了海上捕捞、海产品养殖、海产品加工、建筑、港口作业、石材加工、矿山开采、冶炼等较为苦脏累的工种外，目前主要集中在餐饮服务、保安、搬运、缝纫、园林植物保护等行业。其中，个体私营企业是需求民工的大户。

此外，销售类岗位一直是招聘的重头戏，随着岛城经济建设的长足发展，市场销售类等企业对人才需求的缺口也越来越大。营销类相关岗位遍及各行各业，物流业紧缺的是高级物流人才，其中物流配送总监和海外市场拓展员尤为紧缺，一些物流公司在招聘会上始终招不到合适的人才。

建筑类行业需求保持平稳，房地产类等行业的人才缺口一直较大，相关优秀的人才在市场上很受青睐，同时行业内“挖角”的事情也时有发生，建筑、房地产岗位需求量同时增大，已经攀升到需求排行榜的第二位。因此，尽管求职人数增多了，但该产业依然保持着供需平衡。

生产制造业招聘职位猛涨。虽然生产类岗位需求的一般都是一线的技术员工，但是企业对学历和技术经验的要求普遍提高。在生产制造业、化工行业、机械行业，有过硬专业技术和丰富带队经验的主管和高级工程师很受青睐，尤其是有 3~5 年从业经验的工程师。

7. 武汉有哪些打工机会

武汉市是我国传统的重工业基地之一，支柱产业为钢铁产业、汽车制造产业、高新科技产业、石油化工产业。武汉市以东西湖为主体，依托江汉平原的农产品资源，集中小物流优势，重点发展食品加工和农副产品深加工。以汉口为主体，连通江北民营工业园和东西湖，发展日用消费品加工等都市型工业。以武汉经济技术开发区为主体，拓展汉阳、蔡甸区，形成以汽车及零部件、显示器等消费类电子产品为主体的制造板块。以青山地区为主体发展钢铁制造、石油化工、环保等产业。以东湖开发区为主体，拓展洪山和江夏区，以光电子、医药为主体的高新技术产业制造板块发展迅猛。

随着武汉制造行业企业的扩大再生产，掌握数控技术、焊接工程、电气控制技术、机械制造及自动化、模具设计与制造、铸造技术、热处理技术、设备维修与管理等的技术型人才受青睐。企业对学历和技术经验的要求普遍提高，本科和大专学历的求职人员分配到操作技术岗位上已很普遍。

此外，旅游、酒店人才持续走热。据统计，高端市场策划人才、旅游协调人才、销售人才及中高层次管理人才是旅游行业的需求主力。

8. 郑州有哪些打工机会

郑州是全国纺织工业基地之一，是全国重要的冶金建材工业基地，氧化铝产量占全国一半左右。机械工业拥有亚洲最大的磨料磨具企业——白鸽集团。郑州宇通客车股份有限公司是亚洲规模最大、工艺技术最先进的客车生产企业。郑州市在纺织、机械、建材、耐火材料、能源和原辅材料产业上具有明显优势，以有色金属、食品、煤炭、卷烟等为主导产业。

郑州已形成了服装、食品、铝加工、耐火材料等品牌园区、特色园区，现全市重点工业园区有 33 个。

广告、服务等行业招聘则相对旺盛，尤其是商业和餐饮行业，对营业员等基础人才的需求有增无减。

9. 浙江有哪些打工机会

在浙江用工量需求最大的地区包括：杭州、宁波、温州、湖州、嘉兴、绍兴和金华。超过七成的用工需求来自制造业、批发和零售贸易、餐饮业以及社会服务业这几大行业。其中，商业服务人员、生产运输设备操作工约占总需求人数的 70%。此外，纺织服装制衣业对熟练缝纫工等技术人员的需求量也很大，80% 的岗位要求具有初中以上文化程度，拥有职业资格及初级、高级专业技术职称的劳动者最为抢手。

10. 西部地区有哪些打工机会

西部地区现在正进行大量的基础设施建设，所以用工主要集中在建筑行业（占85%），这些岗位均需要熟练工人。

11. 广大农村地区有哪些打工机会

一说起打工，人们就自然联想到大中城市，而往往忽略了农村地区，其实发达地区的农村也有相当多的打工机会。在这些农村地区，有的乡镇企业经济较为发达，需要招用外地务工者；有些发达农村地区（如大城市近郊农村等），因绝大多数劳动力都就地转移到非农业部门，因而出现农业劳动力短缺的现象，甚至出现土地抛荒，如果能够承包这些地区的土地，搞多种经营，收入也是很可观的；还有些发达农村地区的种植、养殖和水果专业大户也需要招用外地工人，等等。但由于受到传统思维的限制，准备外出打工的朋友很少注意到这些地区。因此当您准备外出打工时，不要仅把目光投向大城市，也要留心一下发达地区的农村，或许在这些农村地区能找到更加适合您的工作。

选择适合你的打工城市

当你对主要打工地区的基本情况有所了解，接下来就要选择、确定你要去的城市了。

一般来说，大城市比中小城市容易找工作；省会城市比一般城市对外来劳动力需求大；沿海地区、经济发达城市各类企业多，工作机会也多；边境城市边贸频繁，人口少劳动力不足，对打工者有一定需求。每个人可以根据自己的条件和愿望选择打工城市。

1. 以个人生活习惯选择打工城市

往哪个方向去打工，适应能力不同的人肯定会有不同的选择。一般长期生活在温暖、湿润气候环境中的南方人，初到北方会不适应那里寒冷、干燥气候，而北方人初到南方也要生活一段时间后才能适应那里的湿热天气。另外，一日三餐的口味也不能不考虑。

在已形成的打工流向中，湖南、广西、贵州等偏南方省（区）的人去广东、深圳的多，而甘肃、东北、河北、内蒙古等偏北方省（区）的人则到北京、天津的多。这里除了有地理远近的原因，不能说没有气候比较适应，吃、住、行等生活习惯接近，语言沟通方便等因素的影响。

不过，好在现在南北融合度越来越高，生活越来越方便，在南方可以吃到北方口味的东西，在北方也能吃到南方口味的东西。随着人口流动性的增强，人们的口味也在改变，出现了趋同性。

初次出门打工的人，可以先选择与自己家乡的气候、生活习惯、语言等较为接近的城市，等逐步适应了外部环境后，再考虑转换到自己向往或适合自己发展的城市。从便于照顾家庭看，当然也是打工地距离家乡较近为好。

随着南北的日益交融，因生活习惯选择打工城市的人会越来越少。有许多人远走生活环境差异很大的他乡，在那里生存并且扎下根来，生活得如鱼得水，异乡已变成第二故乡。

2. 以个人劳动技能选择打工城市

打工者在出发之前，可以先衡量一下自身的条件，评价一下自己最适合干什么，有什么特长，然后再选择几个有意向的城市进行比较，看看在哪里最容易找到你想干的工作。

近些年，从沿海到内地许多城市都出现了“民工荒”，但同时又有许多打工者找不到工作。其实这种“民工荒”，不是农民工真正地供不应求，而是一种“技工荒”。现在各地都在进行产业升级，许多企业由劳动密集型的粗加工向具有高科技含量的精加工发展，对劳动力的需求因此发生变化。越来越多的企业需要有技能的工人，而劳动力市场不能满足企业对技能型员工的需求，所以造成岗位空缺现象出现。

另外，由于各地的产业集群特征不同，因此对劳动力需求的类型、规模也不同。准备外出的打工者如果能根据自己的劳动技能、能力特点选择适合自己岗位多的城市，就好找工作，也有利于职业的发展。据劳动和社会保障部发布的全国104个城市的劳动力市场职业供求信息显示，目前我国东部地区劳动力需求大于供给，其中81%的用人需求集中在长江三角洲和环渤海地区，这与东部地区经济增长速度较快，接受国外产业转移更为明显等因素分不开。珠江三角洲、闽东南地区劳动力需求增长幅度也较大。在各地的劳动力需求中，第三产业用人需求占主体地位。从行业需求看，80.8%的企业用人需求集中在制造业、批发和零售业、住宿和餐饮业、居民服务和其他服务业、建筑业。

另外，各地的女工需求缺口比较大，这主要是因为珠江三角洲、长江三角洲一带是以轻工、轻纺、电子产品等出口加工业为主，这些行业更需要女工，如裁剪缝纫工、针纺和印染工高度短缺，而最缺的是25～34岁年龄段的女工。同时城市里社会服务业的发展也特别需要女工，如家政服务员、餐厅服务员、推销展销人员、保洁工等都紧缺。

所以，进城务工，不论从事哪种职业，都要有一定的知识和技能。掌握了必要的职业技能，才能提高自己的就业竞争力，增加就业机会，并为自己争取上升的空间，获得更高的工资收入。如果你目前还不具备什么职业技能的话，可以暂时看哪里工资高、劳动力最缺就奔哪里去打工，等干一段时间挣到一些钱后，再决定以后的发展方向。也可以考虑去那些目前政府可以提供职业技能培训补贴的城市，或者干脆在家乡就与劳动部门联系，参加适合自己的职业技术培训，然后根据所学劳动技能定向选择城市去找工作。

3. 以个人外出动机选择打工城市

每个人外出打工的动机不同，有人主要为挣钱，增加家庭收入；有人是为谋求个人发展，使自己将来有个好前程。不同的人可以根据自己的目的，选择不同的出行方向。

据调查显示，年长的、有子女的打工者为挣钱、养家糊口进城打工的多，而年轻人则更看重打工带来的发展机会。现在的许多年轻人外出打工，赚钱已不是唯一目的，他们中有人想通过打工赚钱，寻找机会方便将来自己创业；有人想通过打工挣钱，好继续上学深造；还有人有更为具体的职业梦想，想通过打工不断地向自己的理想目标靠近。

有明确打工动机的人，可以选择便于实现自己理想和目标的城市去打工，眼前的收入多少不十分重要，重要的是那里的环境氛围和发展机会。

4. 以务工成本选择打工城市

作为打工者，生活成本肯定是要考虑的。在去一个城市之前，肯定会打听那里的工资水平如何，然后再掂量一下在那个城市自己吃、住、行的费用是多少，自己工作、生活一年后会剩下多少。对以挣钱为目的的打工者来说，尤其是这样。

打工成本包括：你出门的路费，找工作期间的吃住费用，一年的吃住费用及其他生活开支，必要时还要将回家往返的车费计算进去。以此对照，看看你一年大概可以挣到多少钱，节余多少钱。如果成本超过可能的收入，你就要考虑去离家较近或生活支出较低的城市。

城市生活成本高，换个角度看，生活成本高的地方往往机会也多、工作好找、钱好挣，未来发展空间也大。也许，今天你在这个单位打工的收入低，明天你可能会“跳槽”到另一个收入比这里高的单位去；今天你是个普通打工者，如果干好了，明天你可能成为企业的管理者，甚至某天你会自己创业当上老板。在飞速发展变化万端的城市，虽然生活成本很高，但什么奇迹都有可能出现。只要你以乐观、积极向上的心态勤奋地工作、学习，合理地安排生活，就能从容面对每一天。

5. 以个人人脉关系选择打工城市

现在，外出打工呈现出族群式迁徙的特征，有时一个人就可以带出一村人。他们出来后往往在同一行业或同一企业就业，有的还集中居住。在珠江三角洲一带，靠这种“老乡带老乡、亲戚拉亲戚”的方式招工的企业有很多，有时一个一两万人的大企业，员工主要就来自那么一两个省，而且主要集中在某一区域。很多企业也鼓励这种招工方式，因为这样一来，既省去了招工难的麻烦，还便于管理。

据调查，农民工进城打工的第一份工作大部分是老乡、亲戚介绍的。这种亲戚、朋友、乡邻群体迁移外出打工的方式，显然比独自闯荡稳妥得多，也能消除孤独、寂寞感，在遇到困难的时候还能互相照应，同时人多力量大，打工目标容易得到实现。

所以，你准备外出打工时，也不妨约上曾经的同学、乡亲邻里，或投奔已经在外的亲戚、朋友等，这是在外用得着的人脉和依靠。

6. 通过社会招工选择打工城市

过去人们外出打工，大部分都是盲目、自发地流到某个城市，但现在情况有了变化，各地政府都把农民进城务工劳务输出当作一项拉动地方经济的重要工作来抓，着力消除农民外出打工的盲目和无序状态，建立和规范由政府唱主角的务工信息服务体系。所以，有许多农民工是被定点、定向、有组织地输送到打工地的。通过这种途径来到城市走上就业岗位，打工者会更放心，工作也相对舒心满意。

从目前来说，通过社会招工和有组织输送的方式外出打工的人正在逐步增加。

在打工城市需要办理的证件

1. 到达打工地点后，需要办理的证件、手续有哪些

来到务工城镇后，必须办理以下证件和手续：

（1）暂住证；

（2）育龄妇女还必须办理外来人员婚育证或暂住人口计划生育证；

（3）外来人员就业证。

办完这些证件、手续后，务工生涯就开始了。外出务工，除居民身份证要随身携带外，其他有效证件最好能放在一个固定的地方妥善保管，以免丢失。否则，会给以后的工作和生活带来不必要的麻烦。

2. 在务工的城镇如何办理外来人员婚育证

进入城镇务工的育龄妇女，在到达城镇之后办理外来人员婚育证（或暂住人口计划生育证）时，需要凭家乡的乡（镇）一级人民政府开据的流动人口婚育证明，到务工居住地的乡（镇）人民政府或街道办事处计划生育办公室登记，经审查后就可以领取外来人员婚育证。

3. 在务工的城镇如何办理暂住证

到达务工地以后，应该向管辖居住地的公安派出所及时申请

办理暂住证。在办理暂住证时，应提交以下证件或证明材料：

（1）有效居民身份证；

（2）育龄妇女应提交流动人口婚育证明；

（3）1寸免冠照片3张。

使用暂住证要注意以下事项：

（1）暂住证具备有效期，居住超过有效期，应提前1周换领；

（2）暂住证需随身携带，以便查验；

（3）暂住证禁止转让、转借、涂改或伪造，违者依法处罚；

（4）如要离开务工城镇，在办理注销登记的同时，交回暂住证。

4. 在务工的城镇如何办理外来人员就业证

每一个在外省、市的务工者都必须持有该省、市的外来人员就业证。外来人员就业证不需要务工者自己办理，应由用人单位来办理，务工者只需提供相关的证件和证明，由用人单位持下列证明、证件到劳动部门为其办理外来人员就业证。

（1）招用外地人员的批准文件（由用人单位提供）；

（2）外来务工者的有效身份证件；

（3）由劳动者暂住地公安机关核发的暂住证；

（4）外出人员就业登记卡；

（5）育龄妇女需暂住地计划生育部门核发的外来人员婚育证；

（6）法律、法规、规章中所规定的应提交的其他证件（由务工者或用人单位提供）。

但须注意的是，外来人员就业证有效期限最长为1年。外来人员就业证由发证机关进行年度注册，过期未进行年度注册的视为无效。外来人员就业证登记需要变更的，用人单位应该及时到发证机关办理变更登记，过期未进行变更登记的，或登记事项与持证人实际情况不符的，外来人员就业证同样视为无效。所以，此证必须按规定进行注册和变更登记。如果不慎丢失外来人员就业证，应及时告诉务工单位，请务工单位重新申请补办，务工者个人需缴纳一定的手续费和证件工本费。

5. 在务工的城镇如何办理居民身份证遗失手续

在务工的城镇，由于自己的不慎，导致身份证遗失，该如何补办呢?

（1）立即到公安机关报失，首先需要到遗失地管辖的派出所报失，然后打电话或写信给家里，请家人代为到户籍管辖的乡镇派出所报失。

（2）报失后，要申请补办一个新的居民身份证。办理新的身份证，需要带上户口簿和村委会证明，亲自到原户籍管辖的乡镇派出所办理。

（3）由于新的身份证办理时间一般要等待一段时间，所以需先办理一个临时身份证，作为身份证件。

（4）领到新的身份证，退回临时身份证。

另外，不能随便出借居民身份证，防止别人使用你的身份证去做违法活动，而责任却由你承担，必须清楚地意识到出借身份证的危害性。

第三章　适应城市生活

在城市如何解决住宿问题

进城后，要迅速打开局面融入城市生活，住下来是当务之急。在人生地不熟、偌大的一个城市里解决住的问题，你心里肯定很茫然。

1. 如何在城市安居

(1) 找一个适合你的家

进城第一步，首先要找个临时住所安顿下来。如果当地有亲友，可先借住几天，但非长久之计，出来住是早晚的事。当然，如果亲友已在他住处的附近帮你找了间房最好，如果没有那就要自己想办法了。

在临时住所住下来后，马上查找租房信息。租房地点应考虑选择在交通和生活便利的地方。交通便利一般是用上班所需的时间和所发生的交通费用来衡量的。要考虑住所离车站的远近，中途需要换乘几次车，沿途是否堵车等。生活便利主要看附近是否有商店、超市，日常购物是不是方便，屋内的基础设施能否满足居住的基本要求，比如，是否有暖气、煤气、卫生间等。如果有家具的，至少要有一张床，如有家电的，最好能有洗澡用的热水器，如此就更方便了。

一般城市都有当地居民自盖的供外来人口居住的出租房，租金低廉，但环境、卫生条件较差。如果负担得起，在正规的小区租房会更安全，舒适又省心。

（2）如何租到合适的房子

租房子可是有学问的，会租房子的人，稍加用心就可以租到既便宜又称心的房子。

①在租房之前，多了解一下当地的地理位置和租赁市场情况。如大致的租房价格，出租的热点位置在哪里，自己想要租房的位置的周围环境如何，方圆一带的价位如何，有哪些公共交通设施等。

②分析一下自己的需求情况。是位置最重要，还是价格最重要？如果就近找不到自己满意的房子，是否可以考虑交通便利但位置相对较远的房子。

③在自己比较陌生的环境里找房子，最好通过中介机构。因为中介机构可以提供非常完备的租赁合同，有利于保护您的合法权益，但是在选择中介公司的时候，也请您事先了解一下中介公司的可靠度和信誉度，在多方收集了中介公司相关信息的情况下，选择一家或两家可靠的，在自己亲自接触后，再决定是否可以委托。

（3）怎样租到便宜的房子

对于收入不高的打工者来说，租房是一笔不小的开销，因此，一定要量入为出。

要租到便宜的房子，可根据各小区张贴的租房小广告或请老乡、朋友帮着留意出租房信息，然后自己直接上门寻找最好，这样能够省掉一笔中介费。另外，老乡、朋友一般会比较熟悉租房周边的环境，知道出租房的底价，通过他们能少花冤枉钱。

租房时要尽量多跑几家，多作比较，优中选优。为了讨价还价，租房者要尽量把租住期说得长一些，然后再想办法说服房东房租按月交付，尽量不要一次交清半年或一年的房租。如果房东提出交一笔押金，提出住不满三个月或半年不退，就需慎重考虑，否则一旦出现因故急需搬走的情况，房东不退押金就会给你带来额外损失。

租房时不要急于交订金或租金，多从几个方面考虑一下。当然，有个熟悉情况的朋友在旁边参谋一下会更好。

（4） 怎样签订租房合同

租房一定要按照正规的租房手续签订好租房合同，对于各项费用的交纳作好规定，以免日后出现争执。特别要对退租的内容作详细规定，以避免一些恶意的房东借机不退押金或少退。

合同内容一般包括：①当事人姓名或者名称及住所；②房屋所在位置、面积；③设施状况；④租赁用途；⑤租赁期限；⑥租金及交付方式；⑦房屋修缮责任；⑧转租的约定；⑨变更和解除合同的条件；⑩违约责任。

2. 主要打工城市租房指南

（1） 北京

北京租房价格较高，在城区一居室、二居室、三居室户型房屋平均月租金分别为 1 500 元/月、1 800 元/月和 2 700 元/月，并且由于所处位置的不同价格也有所不同。

在郊区，回龙观地区、天通苑社区、望京社区等，由于社区成熟，生活设施齐全，因有轻轨交通便利，而且租赁业务活跃，租金价格相对中心城区便宜，是租房的较佳之选。该地区一居室较少，二居室是热租户型，租金价格在 1 500 ~1 800 元/月。通州地区被称作是“CBD 的后花园”，房租价格便宜，又有八通线及五环线作交通支持，也是租房的理想之地。热租户型以一居及小二居为主，其一居出租价格与二居出租价格并无太大差异，均保持在 900 ~1 300 元/月。大兴区旧宫是打工者集聚地，因为离市区较近，很受租房一族的欢迎。

对刚进入北京的普通打工者来说，租住地下室和平房也许是更经济的选择。北京有地下室的房屋很普遍，一般的居民小区几乎都有地下室出租，价格不是很贵，一般单间在 600 元以下。城北的平房主要分布在太阳宫桥、北七家镇，城西北的四季青、圆明园、肖家河桥一带；城南的平房主要分布在南三环外的成寿寺、龙爪树、十八里店以及南四环外的小红门、旧宫等地；城东平房主要分布在东五环外的白家楼等地；城西的平房主要分布在石景山区的刘娘府一带。平房单间的价格一般比较便宜，但是条件比较简陋。

一些大学附近的校外学生公寓也可供打工者租住。学生公寓一般为普通居民楼的两居或三居的单元房，房主在每间房里设置 3 ~4 张床位，按床位租赁，每张床租金约 300 ~400 元，房屋由房主进行管理。学生公寓的特点是地点适中、相对安全，有不少打工者在此租住。

(2) 上海

上海的房租近年上涨较快，所以一般年轻人都选择合租，大家分摊房租水电，算下来就节省很多。上海房屋的租金价格按内环、内外环之间、外环三个区域划分，内环最贵，内外环之间次之，外环以外相对低些。外来打工者一般集中居住在外环，而且大多采取合租方式。上海有一种求职客栈，为求职者提供短期住宿，每天只需要十几元钱。虽然住宿环境一般，但是交通便利，还可以得到很多求职信息，最适合刚到上海找工作，手头不宽裕的人。

提醒：上海城市面积很大，交通拥堵，在上海租房一定要考虑工作地点，最好在确定了工作地点后，结合房租、房屋状况、交通费用、交通时间等各方面因素后再决定在哪里租房。

(3) 广州

广州区别于国内其他大城市的一大特色是城中村。城中村就是原来的农村，它散布于城市的每一个角落，环境一般比较差，但是房租较低。价格低廉的地方一般位于石牌、棠下、上社、棠东等地，还有就是离市区较远些的黄埔。在城中村，每月花上500元左右就可以租到带小厨房与卫生间的小单间，最低的可以到300元以下。如果你的经济条件好一些，可以选择一些条件不错的单身公寓，价格在每月六七百元以上。

(4) 深圳

深圳适合普通打工者的出租房主要有农民房、老居民房等。农民房一般是不带电梯的楼房，这些楼房通常很密集，俗称"握手楼""接吻楼"，居住环境、治安状况较差。不过租金较低，对于收入较低的外来打工者来说是一个不错的选择。老居民房综合状况在小区房与农民房之间，因为修建较早，房子往往较旧，管理不如小区房，但是一般地理位置与居住条件都还可以，价格比较适中。

外来打工者租房地点也可以选择在南山盐田以外，比如，上沙、下沙、白石洲或者梅林关口、布吉关口一带。这些地方房租低，到市内上班也比较方便，但两个关口附近早晚易堵车。

(5) 东莞

东莞城区不大，打工者主要聚集在市区周边各镇的工业区里。东莞的工厂一般都为员工提供住宿。当然，如果打工者想自己租房子住，也非常方便。工业区周边有很多民房，这些房子大多是用来出租的。

另外，东莞还有很多专门为打工者而设的打工旅馆。因为住在这里的人很多是从别的地方到这来探亲访友的打工者，所以这里是一个信息窗口，能得到很多求职信息。

如何尽快融入城市

1. 了解大城市对外来人员的政策

在小地方，如果你说想到北京、上海和深圳这样的大城市去闯荡一番，立马会有人提醒你："大城市人看不起外地人"，"大城市要暂住证"，"大城市要遣送外地人"。

大城市人歧视外地人与否，尚且没有定论，但所谓遣送者，乃是道听途说。如今很多大城市制定了优惠的政策措施，举双手欢迎您前去呢！

最近一两年来，我国各大城市纷纷出台对农民工的优惠政策，其目的是要通过提高工资和完善社会保险制度，招聘到支撑经济基础的劳动力。由于经济快速增长，不仅沿海城市，内地的一些大中城市，劳动力需求也在扩大。

2. 摸透大城市“本地人”的脾性

俗话说“入乡随俗，入境问禁”，又说“出门看天色，进门看脸色”。在大城市里打拼，要知“禁”，会看“脸色”，就必须摸透大城市的土生土长的“本地人”的脾性。

如今的大城市虽然向五湖四海的人敞开了胸怀，但在其人口中占大多数的还是三代前就在当地安营扎寨的“本地人”。如果你到了一个大城市，不真心实意地和这些“本地人”合作，看不懂脸色，出言犯禁，说得轻点，恐怕连个落脚之处都找不到，更别说长远的立足了。

“一方水土养一方人”，由于历史传承、地理环境的长期熏染塑造，每座城市的“本地人”的脾气是各有特征的。

每座大城市的脾性，可以说一半是天使，一半是魔鬼。以全国的首善之区首都北京的“本地人”来说，他们有“大气”、“豪气”的一面，也有“牛气”、“傲气”的一面。

和北京人一样，上海人、广州人、深圳人、重庆人、天津人、成都人……每一座大城市的本地居民既有让人崇敬的一面，也有其难以掩饰的“劣根性”。

每座城市人的秉性便聚合出这座城市的独特性格。

我们每到一座大城市，就要同那里的本地居民结合起来，打成一片，这会为你的长远发展聚拢人气。而要真正打成一片，就要摸清本地人的脾性，摸清这座城市的性格，以便因人而异，采取策略，使他们在短时间内接纳你，把你当作“自己人”，而不是斥之以“外地人”云云。

3. 听懂和会说大城市的方言和“土话”

泱泱中华，地大物博，各地有各地的方言，各个城市有各个城市的土语。就是一个省，语言也有不同。到大城市里发展，要懂得“到什么山上唱什么歌”的道理，要能听懂和会说这个城市的方言土语。

有些人会说：会说普通话就得了，干嘛还要学一个城市的方言土语。

普通话是要说的，但是普通话的推广不是一朝一夕的事情，况且每座大城市的本地人都乐于说他们的方言土语，这是人之常情，也是一种根深蒂固的思想，就好似一个湖南人到北京更乐于说湖南话一样。

每个城市都有自己的方言土语，即使被当作普通话蓝本的北京话，和纯正的普通话比较起来，也具有浓厚的“地方色彩”。更不用说闽南话、粤语、上海话，初来乍到的北方人几乎连一个字都听不懂。如果一个北方人到了流行这些方言的大都市，那真有点像到了异国他乡，使自己成为“聋子”和“哑巴”。所以，学一点大城市的方言土语，只能有利于你和那里的本地人沟通，绝对没有坏处。

其实学起来也很容易，你可以看看教你学说方言之类的书，更主要的是在现实的“语境”中学，即多与当地人说话聊天，多向他们请教，在很浓厚的语言环境中，只要你做一个“有心人”，估计不出三个月，你就能说一口流利的“当地话”。

还有一点必须向朋友们指出：无论到哪个城市，“乡土情结”不要太浓，尽量不要说你家乡的方言。

此外，由于大城市是五湖四海的人云集的地方，所以我们不仅要努力学会说普通话和每个城市的方言，还要有意识地学一些常见的方言，比如四川方言、陕西方言、湖北方言、东北方言……因为你随时都有可能与四川人、陕西人、湖北人、东北人……来自全国各省、市、县操着各不相同的地方土语的人打交道，如果你会说他们的土语，不仅便于沟通交流，更会使对方有一见如故之感。如果你能说一口流利的外语，那是再好不过的了，和外国人打交道也不用发愁了。

4. 把大城市的地图刻在你的脑海中

孟子说：“天时不如地利。”当今的市场经济大潮，可以说为我们在大城市的创业成功提供了千载难逢的“天时”；而要在大城市里占尽“地利”，则必须对大城市的地理特征进行一番从宏观到中观，再到微观的探究。

从宏观上来讲，最起码要搞清楚你所身处的这座大城市的经度、纬度，是南方还是北方，是处在高原还是平原，是靠近沿海还是内陆，在此基础上再了解它的气候特征。这一点很重要，你去乌鲁木齐发展与去上海发展，所应进行的物质准备是截然不同的，因为这两个城市的气候特征完全不同，乌鲁木齐昼夜温差大，气候干燥；而处于海边的上海则四季如春，温和湿润。如果你对这些一概不了解，以为和自己的家乡一样，那么估计你呆不了三天就会“水土不服”。当然，你还应该研究一下你所处的城市与全国其他地方的水、陆、空的交通状况，这对你的长远发展大有益处。

从中观上讲，就是你要对你所处的这座城市的全貌了如指掌，你所处的城市有“几个环”，最北边到哪里，最南边到哪里，东西两边在哪里，市政府在哪里，主要的医院、学校、图书馆、博物馆等又在哪里，对于诸如此类的重点地方，你应如数家珍。要想做到这一点，一条便捷的路就是看地图。

今天，每座大城市都有自己准确而详细的地图向人们发售，售价一般5~10元。凡是想在这座大城市中有所作为的人，出车站的第一件事就是买一份地图。看地图当然要会看，上北下南左西右东，这谁都懂，关键的一点是要熟悉“图例”，“图例”可以说是你“翻译”一份地图的工具。

你可以把这份地图挂起来，一有工夫就看上几分钟，你不仅要“目之看之”，也应该“手之绘之”，动手在纸上简单地画一画，当然，这不是让你做绘地图专家，只是为了促使你把你所身处的这座大城市的地理全貌“刻”在大脑里。

聪明的人都会注意地图的时效性，因为大城市每天都在除旧布新，如果你现在看一份2004年的上海地图，也许地图上有的地方实际上早已不存在了；而实际上存在的设施和建筑，你在这份过时的地图上却找不到。所以，别忘了更新你墙上挂的那份“城市地图”。

从微观上讲，你该对你工作与生活的城区、小区的地理状况了如指掌。比如说你如果在北京市海淀区远大西路15号上班，在朝阳区惠新北里16号居住，那么，你就必须对这两个小地方的周边环境深入地了解，交通、超市、饭馆、娱乐场所、洗浴和标志性建筑等，都要细致地了解。

这里要重点强调的是，你应对你所身处的这座大都市的“交通地图”谙熟在胸。所谓“交通地图”，是指重点突出市区、近郊、远郊的交通路线的地图，大城市一般都会绘制和发售专门的交通地图，包括公交路线、地铁路线、车次和站点等，非常详尽，你只需按图索骥就行了。

你也可以为你所处的大都市绘制“产业地图”、“美食地图”、“娱乐地图”和“旅游地图”，这些都有助于你深刻地认识这座大城市，使你完全和它融为一体。

是不是对一座大城市的地理状况的了解仅仅停留在“图纸”上就行了？如果你热衷于“纸上谈城”而足不出户，地图的作用就等于零。地图当然要看，但更重要的是你要去实地勘察。

你可以抽出几个周末到一些枢纽性的地方去走走看看。还有一个极有效的办法就是“随时留心”，比如，你现在去上海市南京路拜访一位客户，你应该把途经的每一个标志性建筑和每一个站点默记心中，这是你了解上海的最佳途径，对你日后的发展也大有益处。如果你的足迹基本踏遍你所处的大城市的大街小巷，并且把每一个地方的特征都深深地刻在你的大脑中，那你无疑是一部“活地图”了。

至于说为什么一定要对一座大城市的地理特征了如指掌呢，其中的原因是不言自明的。举一个简单的例子，有人在报纸上找到一个合适的公司，人家让你去面试。这家公司明明在南城，你却像没头的苍蝇一样向北城跑，上演了一出现代版的“南辕北辙”。如果你再从北城赶往南城，恐怕面试会早已结束了。如果你是一名业务员，要到分布于各处的企业洽谈业务，“找不着北”是不可想象的。就是你节假日去拜访朋友，如果不熟悉路线，不熟悉环境，不仅会耗费大量的时间，而且会在车轮子上耗费不必要的金钱。一言以蔽之，不能得大城市之“地利”者，难在大城市生存和立足。

5. 了解你所在的大城市的历史

你想了解一个人吗？那么，不能只看他的现在，还必须深入研究他的历史。因为只有认识了他的过去，才能深刻地理解他的现状，更能够推知他的未来。

“鉴往”才能“知来”。你只有了解了你所身处的大城市的从产生到发展到崛起的历史，才能准确地定位它的今天，也才能把握它未来发展的大趋势。

有人可能会说：“我一个小青年，到大城市无非是谋个职，混口饭，赚点钱，这恐怕与一个城市的‘来龙去脉’关系不太大。”如果说这不是一个糊涂的念头，至少也是一个不会有大出息的想法。事实上，了解一个城市的历史，对于一个渴望在大城市立足的人而言，有着重要意义。

了解你所身处的大城市的历史，首先能激发你的自豪感和干劲。比如说你到了北京，在这座既是闻名世界的古都，同时也是全国政治、经济、文化中心的大都市里工作和生活，你难道不感觉到自豪吗？你当然会觉得浑身都是迎接人生挑战的干劲！只有深切地感受到一个城市的历史，你才能完全融入到一个城市的现实之中。

了解你所身处的大城市的历史，更重要的是你能把准它未来发展的脉搏和趋势，唯有顺应这种趋势，你才能准确进行自己的人生定位。举个简单的例子，西部某山区有位年轻人自幼对画画着迷，后来父母千辛万苦把他送到当地的一所师范学院的美术系，经过刻苦努力，他终于学得了一身绝技。由于在当地没有用武之地，他决定到大城市去圆自己的画家梦。那么，他应该选择哪座大城市呢？聪明人都会极力建议他去北京，因为北京是全中国的文化中心，从很早的年代起，就是各种艺术家向往的“圣地”，也是大师荟萃之地，这里有全国规模最大的美术馆，这里每天都会举办各种类型的美术展览。这种大趋势在未来只会发扬光大，所以，那位年轻人如果到北京来发展，其前程自然是不可限量的。

了解你所身处的大城市的历史，有助于你了解生活在这个大城市里的人，特别是当地人。为什么北京人、上海人、广州人、成都人，其性情特征各不相同呢？这是因为他们身处不同的城市，每座城市都有着它独特的历史；独特的历史积淀，塑造出来的人的个性和性情当然是独特的。了解每座大城市的当地人，对于你在这座城市中的生存和立足无疑是很重要的。记住，发现“新大陆”的探险家哥伦布，正是因没有处理好和土著人的关系而被杀害的！

了解一座城市的历史途径很多。你可以在前往这座城市的火车上，读读有关这座城市的“简史”，你没有必要进行大部头的研究，那是历史学家的事，你只要看清它大概的来龙去脉和最具有代表性的东西就足够了。

你还可以到这座城市的博物馆里去参观，到历史遗迹中去瞻仰，这里的一事一物、一砖一瓦都会向你默默地述说这座城市昨天的故事。

6. 坚持每天看大城市的报纸

大家都知道大城市信息灵通，一个主要的原因是每座大城市都有自己的报纸在发行，像北京、上海、广州、深圳这样的大城市，每天都有早报、午报、晚报发行，报刊亭到处林立。这些随处可见的报刊亭，不仅发行这个城市的各种报纸，还发行具有全国影响力的一些报纸。在报纸的发行方面，大城市比一些小城镇不知要优越多少倍。

如果一个人来到大城市，不养成每天看报的习惯，不会看报，那无异于使自己成为"睁眼瞎"，仅靠道听途说，你是不会成为"信息灵通"人士的。

坚持看报，能帮助你找到一份好工作。很多公司都习惯在报纸上发布招聘信息，如果你正在求职，千万不要错过当天每份报纸的招聘栏。如果你对现在的公司不满意，报纸会给你提供实力较强的一些公司的职位信息。另外，报纸会登载一些颇具实力的公司发展的新闻，你可借此来推断一些公司的发展前景。

坚持看报，会使你发现创业致富的良机。报纸，被称为"活页历史"，它详细地记录了大都市每日发生的各种大事小事。研究这些事件，会启发你创意的灵感，在纷繁复杂的表象中，看清大众心理的趋向，摸准市场的要求和动向，在这些趋向和动向中，潜藏着无限的发财致富的机会。本书后面一些章节所讲述的几个著名的创业致富的案例，其主人公就是从报纸上一条不起眼的报道中发掘到良机的。

读报既然有这么多的好处，那我们一定要每天坚持读报。然而当今大城市的报纸越来越厚，一般有几十个版面，如果你从头到尾一字不漏地读下去，那这一整天就别指望去干别的工作了。所以，读报，要讲究方法。

(1) 在略读中抓住关键

随着工作、生活节奏的加快，许多读者看报纸只能零敲碎打，见缝插针，利用出门乘车、工作午休或晚上空余时间，而不可能慢条斯理，一唱三叹。所以你首先要学会略读的艺术。为了提高时间单元利用的程度，阅读时应注重读标题、读导语、读提要、读版面，在报纸中寻找自己关心的那几个词语，比如“沙尘暴”，只要报纸中出现这个字眼便停下来阅读。这样有目的的阅读效率会更高。

(2) 在详读时集中精神

如果你一味地略读，走马观花，那就会一知半解，读无所得。对于与你的工作和生活密切相关的关键内容，你就应该详读。

据科学家测定，人在阅读时，眼球不作连续运动而是忽停忽动地跳动，看见字形是在眼球不动的瞬间，这在阅读心理上叫作“停眼”。眼动只占全部阅读时间的6%，大部分时间是处在“停眼”当中。每次“停眼”，最多看六七个字，最少不到一个字。所以，当详读你最感兴趣的重要内容时，要思想集中，速度放慢，做到字斟句酌。

(3) 在阅读后勤于思考

“思索以通之”，这常会使你豁然开朗，真正会读报的人无一不是勤于思考的人。实际上对于报纸的理解程度，不同的读者之间是有差别的。有些读者只得到表层的了解，有些读者却目光如炬，只字片语间心领神会，捕捉到新闻幕后的真谛。其中的奥妙就在于读报时能否伴以一定的思考。思考的方式有聚敛式和发散式。聚敛式带有概括性，即看到一件新闻事实后，进行演绎归纳，形成新颖的概念或做出清晰的判断。发散式更为自由活跃，使人从一个事实或问题迅速过渡，联想到其他事实或问题，举一反三，触类旁通。读报时两种思考方法应相辅相成，缺一不可。

适应城市生活

1. 城市常见的日常行为规范和生活习惯

城市有许多不同于农村的日常行为规范和习惯，归纳起来主要有以下几个方面：

（1）行车走路要遵守交通规则，尤其注意过马路要走人行横道，不要冒着生命危险跨越马路上的护栏，或者随便乱穿马路。

（2）买东西或者买票都要排队，不要拥挤和“加塞”。

（3）坐公共汽车要先下后上，即让下车的人先下来，再按顺序上车，不能一拥而上。

（4）要有时间观念，就是说要有准确的时间概念，不能像在农村一样讲“一袋烟的功夫”、“半晌午”、“天擦黑”等。城市生活节奏紧张，干什么都要严格遵守时间，不守时的人是不受欢迎的。

（5）不要随地吐痰，不要随地乱扔垃圾，要保持环境清洁。

(6) 自觉爱护公共财物，不破坏树木、花草、电话亭、地下管道、垃圾箱等一切公共设施。

(7) 穿戴得体，举止得当。在城市里，如果举止和穿戴过于随便，会受到人们的轻视，如夏天在大街上光背、穿拖鞋逛街，衣冠不整会被看作不雅的行为。

(8) 养成良好的卫生习惯。这既有利于个人身体健康，也能保持个人良好形象，促进你与他人的交往。

(9) 注意使用文明用语，如“你好”“对不起”“没关系”“谢谢”“请问”等。

2. 公共设施的使用

公用电话的使用

公用电话的使用一般有以下几个步骤：

(1) 插入电话卡——将有三角形箭头的一面朝上，按照箭头方向平插入电话机。

(2) 拨号——摘下话机，听到拨号音后键入对方的区号和电话号码，本市电话不需要输入区号，听到对方接线声就可进行直接通话。

打长途需要加拨长途区号，区号可以在邮局的公用电话黄页簿上查询。

(3) 通话——想好要说的事情，可以节省通话费用。如果周围有人在等着使用电话，应尽快结束通话，为别人留出时间。

(4) 挂机和拔卡——通话完毕挂机后，要记住把电话卡拿走，不要遗忘。

搭乘公共汽车

(1) 识别公交车站，阅读公共汽车站牌。

(2) 预备好零钱买票，保管好自己的钱包和贵重物品。

(3) 注意听售票员报站，也可请售票员在自己要去的那一站提醒自己。

(4) 如果发生搭错车或者坐过站的情况，一定要保持冷静。向售票员、司机或者警察询问情况和解决办法。

(5) 要文明乘车，不要拥挤，主动购买车票，在车上不要大声喧哗，要尊老爱幼、主动让座。

(6) 去陌生的地方，需用礼貌语言向售票员或者司机询问，寻求他们的帮助。

搭乘地铁和城市轻轨列车

(1) 入口

地铁和轻轨的入口都有统一的标志。从标志下边或者旁边的门进去，沿着通道里走就能看见售票口。与乘公交车一样，需要先确认你要去的地点的站名，然后再买票。售票口旁一般有运行图，可以找到站名和乘坐方向。

(2) 车票要保存好

地铁和轻轨的存根都要保存好。如果是自动检票系统，进站时将车票放进检票机后，一定要拿回来，出站时要将车票放回到检票机中，才能出站。否则，机器不会让你出站。

(3) 不要擅自进入轨道

地铁和轻轨的轨道都带电，千万不能跳下站台捡东西或者玩耍。如果不小心有东西掉下站台，可以向穿制服的车站工作人员寻求帮助。地铁站内一般有厕所，询问工作人员或者看标志就能找到，不能擅自走进轨道区域。

（4）等车和坐车

等车时要站在黄色安全线以外，待车停稳后再上车。如果车门已经关上，不要扒车门，站在黄色线外等候，一般间隔3~5分钟就有下一趟车。

上车后要注意听广播提示站名，以防超站。如果超站，不要惊慌，可乘坐反方向的车回去，只要不出站，就不用重新买票。

（5）出口

车站有多个出口，出站时可以询问工作人员了解所要去的地方最近一个出口。也可按车站指示牌，沿地图标明方向出站。

有的出站口有自动扶梯通往地面。上扶梯时注意脚不要踩黄线，尽量靠右站立，这样做是为了空出左边的位置，让有急事的人快速通过。

学会使用邮局

（1）寄信注意事项

信封各项内容要填写清楚：将对方和自己的地址、姓名、邮编依省、市、县、乡、村、社的顺序填写准确，笔划清楚，不能送达的便于退回。

重要信件可寄挂号或特快专递：重要信件可以到邮局办理挂号，但是挂号信比普通信件要慢一周左右。既重要又需要尽快寄到的信件可以寄特快专递，一般2~7天就可以安全寄到，不会丢失，但是邮寄费需20元以上。

（2）寄包裹注意事项

包装有规定：可用浅色布（便于书写和辨认地址）自己缝包装袋，也可到邮局购买专门的包装袋或包装箱。

检查后再封口：缝制包裹时，不要封口，待邮局人员检查后，证明包裹中物品与包裹单上填写的物品相符之后，才能封口。

包裹收件人姓名填写准确：与填写汇款单一样，包裹收件人的姓名必须和身份证上的姓名一致，否则，无法领取。

(3) 收取汇款和包裹注意事项

带上自己的身份证、领取汇款单或包裹通知单，到指定的邮局领取。

汇款单到后两个月没有人去取的，邮局将把汇款退回寄钱人；收到包裹单后，超过7日没有去取的，邮局将按天数收取邮件保管费。

(4) 寄钱注意事项

①填写汇款单地址要详细，笔迹要清楚。收款人的姓名必须与收款人身份证上的姓名一致，否则邮局不予支取，汇款单将被退回。

②保管好邮局的汇款收据。若两个月后，收款人还没有收到的，可凭汇款收据到邮局查询。

银行业务办理

(1) 银行存款的方式主要有哪些

活期储蓄：这种存钱方式任何时候都可以存钱取钱，只是利息比较低。

定期储蓄：定期储蓄规定了存钱期限，有3个月、6个月、1年、2年、3年或5年的定期。存钱期限越长，利息就越高。如果办了定期储蓄，又遇到紧急情况需要用钱，带上存钱人的身份证方可取钱，只是取出的那部分按活期储蓄支付利息。

零存整取：零存整取就是与银行约定每月存入一定金额的

钱，到一年或两三年之后全部取出来。零存整取的利息高于活期储蓄，低于定期储蓄。

存取款注意事项：①带上本人身份证；②存折；③第一次存款数额不少于10元；④选择一个离家或者工作地点近的银行。

(2) 利用银行存取钱的窍门

一般来说，用存折或银行卡异地存款，手续费为0.5%，即存100元收取5角手续费。用存折或银行卡异地取款，手续费为1%，即取100元收1元手续费。无论存取款，手续费超过50元的都按50元收取，不再收其他费用。邮局寄钱的手续费是1%，且不封顶。所以，用老家的存折或银行卡异地存钱，回老家取钱，就比邮局寄钱省一半的邮费。如果你要寄出5 000元以上的钱款，使用银行汇款比邮局汇款更便宜。

(3) 如何安全保管你的储蓄存单（存折）

①存单不要给小孩玩，不要总带在身上，以免丢失。②身份证和印鉴等证件不要与存单（折）存放在一起，要分开保管，以防同时被盗。③存单（折）的账号和密码可设计一种自己看得懂而别人看不懂的记录。④存单要放在隐藏、干燥、安全的地方，不要夹在书本、杂志里，更不要乱塞乱藏。

3. 与城里人融洽相处

(1) 城里人待人接物有哪些特点

由于城乡差别的存在，城里人待人接物有许多方面与农村不一样，较为突出的有：

①言谈话语多委婉含蓄，暗示性强，不像农村人那样直来直去。

②情感生活相对丰富细腻，不轻易向他人暴露感情。

③社会交往、应酬多，注重礼节和外人评价。异性交往比农村开放且方式多样。

④家庭关系中成年女性地位高，独生子女很受宠爱，长幼之间较多礼节拘束。

⑤亲戚之间经济往来少。同事朋友有交往但相互很少私人发生借贷关系。邻居之间封闭性强，无事不来往。

⑥经济核算意识强，开支的计划性强。

（2）城里人有哪些生活习惯

①讲究卫生整洁。你在日常购物、烹调、洗衣、清扫、个人卫生方面，应注意认真遵照用户的标准和习惯，不要自以为是，也不要马虎从事。

②起居作息时间严格。除节假日外，他们的起床、上班、上学、用餐、休息及就寝的时间都较固定，而且就寝时间一般比农村要晚。

③一般地早餐简单，晚餐相对丰盛、正式且每样食物的量都不大。年轻的双职工家庭在饮食上不甚讲究，较为随意。

④家务开支上偏重对水、电、煤气、副食的节约。

⑤除此之外，每个家庭都有各自的过日子特点和“规矩”。

（3）怎样与城里人进行沟通

所谓“沟通”，就是通过某种行为达到双方相互理解。沟通可以有效地减少矛盾，避免矛盾，从而为双方发展良好的相互关系奠定基础。和城里人进行沟通，有以下基本经验可借鉴：

①主动积极比被动消极要好。破除自卑、怕羞、胆怯、多疑等不正常心理，大胆同对方接近，寻找双方在立意、兴趣、性格、为人等方面的共同点，并不断发展扩大这些共同点。如果总

是索然无语、消极应付，有意无意地躲避与对方的交流，用户已在心里感情上对你产生距离感，就会对发展良好的相互关系带来障碍。

②敞开心理比闭锁心理好。理解不等于友情，信任才是友情的基础。适时适事地吐露自己的不安、困惑、烦恼、苦闷，合理合情地展示自己的喜怒哀乐，公开自己的观点看法，这有助于增进对方对你的理解，产生对你的信任。

③“微笑值千金”。如果你总是微笑着工作、生活，那你就是给别人增添着欢乐。微笑早晚感染对方，滋润他们的心田，他们会对你投以亲近，还以微笑。

④待人处事持积极态度。为人热情、开朗、真诚、自信，不仅易与人沟通，也容易得到人们的欣赏赞许。

⑤自制力强。如果需要，便可以冷静地约束自己的情绪和行为，尤其是遇到误会及波折，或是自身出现失误、不足时，自制力强的人往往能够因势利导，把坏事变为好事。

⑥心胸开阔，情绪稳定，不目光短浅。人们对这类性格的人一般持好感。

⑦聪明、细心、周到。这样的性格不仅办事能力强，而且所经手的事别人容易放心、信任。性格是可以塑造的，形成良好的性格既能使你和用户融洽相处，还会给你的未来人生带来莫大的帮助。

第四章　注意个人健康与疾病防治

生病后如何选择医院

当您生病，尤其是生重病或需要做手术的时候，一定想找一所好医院和找一个好医生为自己治病。选择什么样的医院好呢？首先，你必须了解本地区都有些什么医院，各医院都有什么特长和优势。这方面的信息大家可以通过上网查询，或者买份城市交通地图进行查找，因为一些重要的医院在地图上都会有标志。当然，你也可以问问周围的人，像一起工作的同事、老乡或邻居等。一般情况下，有了病最好先到综合性医院去就诊。如果你自己能够判断得了哪方面的病，也可以直接去找专科医院，如传染病医院、结核病医院、肿瘤病医院、妇产科医院等。另外，你最好是在同一家医院连续就医，这样有助于医生全面了解和掌握你的病情及治疗情况。不过，如果在一家医院诊疗时间已很长，治疗效果也不明显，就应该考虑换个医院。切忌为了省钱而找街头摆地摊的江湖医生看病。

城市就医的程序

在城镇里看病，最好去正规的医院，可以选择距离我们的住处较近，或者工作地点较近的医院，在医院看病要先挂号，挂号时，必须说明自己要看什么病，不同的病看不同的科，挂号也不一样。看完病拿到药后一定要按医生的要求吃药或者打针，听从医生的忠告。

除了去正规医院看病外，也可以去国家批准的私人诊所看病。那里的费用一般比大医院要低些。常见病，如感冒、咳嗽、腹泻等，如果症状不严重，可以自己到药店买药吃，可以向药店的营业人员咨询哪种药最合适。在城市医院看病具体程序如下：

1. 看病程序与专家门诊

人们都说上医院看病难，其实，这里有医院本身的问题，也有患者对医院情况不了解的问题。简单了解一下医院的一般工作程序，或许对大家顺利看病有所帮助。

（1）挂号。在医院里，无论大病、小病，都要先看门诊。如果曾经看过病，千万别忘了带上所有的病历资料和检查、化验结果，有 X 线、CT、核磁共振等片子的，也应该一并带上。

医院中设有外科、内科、骨科等各种专业科室。看什么病就要挂哪个科室的号，那里有专门看这类病的大夫。如果一时难以弄清自己应该上哪个科室就医，可以向挂号的护士或大厅值班医生咨询，他们会热情地为你提供必要的帮助。

（2）就诊。就诊过程需要注意的是，要清楚详细地表述自己的主要症状。有时，医生会顺着你的表述给以提示和引导，这只是为了证实他对你病情的初步判断，其中有医生主观估计的成分，实际情况还得你自己来说。千万不要完全被医生的主观估计所左右，而错误地表述病情。

另外，如果医生提出进行各种检查和化验，应给予积极配合。因为，只有全面系统地检查之后，医生才能做出正确的诊断并对症下药。

（3）划价交费和取药。诊断之后，拿着医生开的药方去取药。需要注意的是，医院是“先划价、后取药”，需要分别排队。在这种情况下，就要问清楚哪个队是取药的，哪个队是划价的，别因为排错队而白白浪费时间。

拿到药以后，在没离开药房窗口以前，应先仔细核实药物，如种类、数量、质量及用法等。遇到问题，当时提出来请药房的医生给予解决。

（4）复诊。很多病不是一次就能治好，因而需要去医院复诊。复诊挂号、诊断手续和初诊是一样的，只是要与复诊医生提前预约，并注意带上初诊时的病历记录、检查检验结果，以便医生综合分析，做出正确的判断。

这里我们着重介绍一下如何挂号。到医院去不论看病或检查，都先要挂号。因此，大家首先必须了解医院的挂号时间和有关规定，不同的医院有不同的挂号时间和规定。多数时候挂号都在医生上班之前，所以需要早点到医院排队等候。其次，还要了解医院的门诊形式。医院的门诊形式分为预约门诊、非预约门诊和急诊。预约门诊在国外医院较为普遍，可以预先约定或电话预约挂号，但这种形式国内较少。非预约门诊，是目前国内大多数医院的门诊形式，病人根据医院门诊的时间排队挂号就诊。急诊，是专门接待病情危重和必须进行抢救的病人，24 小时开放，病人随到随诊。不同的门诊形式，挂号费用会有所不同。最后，还应该在去医院之前，对自己的病情作一下粗略分析，弄清楚大概是属于哪方面的病，需要到哪个专科去看病。关于看病科室的选择，我们将在后面章节给大家进行介绍。

下面我们先给大家介绍一下专家门诊。选择专家门诊，需要根据自己的病情、经济条件和专家的特长来决定。找医生看病要实事求是，当自己患了疑难重症时，确实应该早日请有权威的专家诊治；如果是一般的小伤小病，就不必去看专家门诊了。在具体选择专家门诊时，还要注意以下几个方面：①应该选择与自己所患疾病对口的专家。②要择优就医。即使同一专科的专家，也会各有所长。③相对定人诊治。如果您患有慢性病，且长期在某个医院诊治，最好能与某位专家建立联系，这样有利于专家更好地了解您的病情和掌握治疗的规律。

2. 常规检查

到医院就诊，医生为了准确诊断病情，往往会要我们作一些必要的检查。对此，大家应有所了解，而且有时候还需要我们的配合。医院里的常规检查包括：血常规、尿常规、便常规、妊娠试验、胸腹水常规、脑脊液常规、CT、心电图、胃肠镜、血生化、血糖、心肌酶、肝肾功能、血流变、免疫检查、细菌检查等。平时，大家可能接触较多的检查主要是血常规、尿常规、便常规等，也就是我们常说的验血、验大小便。还有一些检查，大家可能也比较熟悉，如做 B 超、查肝功能、验血糖等。为了配合检查，有时要求我们不能吃早饭，或者前一天就要禁食，大家对此也要理解。

3. 怎样尽快找到诊室

当您进入一个陌生的医院时，可能一时找不到看病的门诊科室的位置。在这种情况下，请不必着急。记住要首先找到门诊部，才能进一步找到看病的诊室。门诊部通常对着医院大门，大多数医院有平面示意图或指示牌，一进大门就可以见到，您应该学会看示意图。示意图上下左右所示的单位与医院实际展开位置基本是一致的。现在多数医院都设有服务台或询问台，有些医院还有佩戴授带、袖套的导医人员，您可以向他们询问，他们会回答您的问题，或领您去诊室。如果你患有急性重病或外伤，或是护送急重病人到医院，应该直奔急诊室进行急诊救治，不必先去排队挂号，以免耽误救治时机。在节假日和夜间，医院门诊部通常不对外开诊，只能去急诊室看病。

到医院就诊，大家需要提高警惕，因为据调查，在许多医院的门口或附近有不少医疗骗子，也就是那些所谓的“医托”。他们花言巧语，哄骗前来医院就诊的人，说其他什么地方有医术高明的大夫或者能人，还说其他什么医院收费比这里更便宜，然后把大家带到别的地方就医以收取回扣。因此大家去医院就诊的时候，要格外留心，不要被人骗了。特别是广大进城务工人员，往往被那些“医托”作为欺骗的对象，因此要十分小心。

4. 病人或家属如何向医生反映病情

病人到医院门诊看病或住院治疗，都要向医生陈述自己的病情或在治疗过程中的病情变化。到底应该怎样向医生进行病情陈述呢？在这里我们提醒大家注意以下几点：

（1）抓住主要问题，集中、简要、有条理地向医生讲述自己的不适、疾病的表现。陈述要全面，不要遗漏与疾病有关的情况，不过要注意针对医生的提问进行回答。

（2）不能自己陈述病情者，可由亲朋代劳，将病人的情况向医生进行介绍。

（3）要如实反映病情，不能夸大或隐瞒。要相信医生会对病人的隐私保密，这一点很重要。如果不如实地向医生反映病情，那么医生就难以做出正确的诊断。

（4）反映病情要有科学性。讲述症状表现必须讲明症状发生的时间，各种症状出现的先后顺序，交代每一个症状表现的发展演变过程及与之相关的因素，如发病诱因、饮食、睡眠、大小便、体重变化等一般情况。要告诉医生来看病之前的诊断治疗情况和结果，如到过哪里看病，做过哪些检查及检查结果，经过什么治疗或用药，效果如何等。

（5）要详细介绍与发病有关的过去史、个人史、婚姻史、月经史、生育史及家庭史等情况。

医院诊疗科室的划分

去医院看病，自己应该大致了解去哪个科室，如果弄不清楚，可以向前台或者挂号处的人问一问，请他们帮助您选择挂号。须特别提醒的是，如果是第一次到某医院看病，挂号时最好买本门诊病历本，这样，医生为你检查完毕后，会将病情、检查、诊断及治疗意见记录在上面，以便下次看病时作为参考。因此，我们在复诊时，一定记得带上病历本。

不同的医院，诊疗科室的划分也不同。小的医院一般采取综合门诊形式，设内科、外科、妇产科、小儿科（或妇儿科）、五官科（眼、耳鼻喉、口腔）、中医科、肠道病科、急诊室、预防保健科等。大医院的诊疗科室划分得较为详细，内科分别设有心血管、血液、泌尿、呼吸、消化、内分泌、神经内科等专科诊室；外科设有普通外科（腹部外科）、心胸外科、神经外科、泌尿外科、骨科、烧伤整形科等诊室。

1. 临床内科

临床内科是以药物治疗为主要手段的科室，主要包括：①心血管内科，专门治疗心脏和大血管系统的疾病，如各种心脏病、高血压等。②消化内科，专门治疗胃、肠、肝、胆、胰、脾等消化器官的疾病。消化系统疾病是常见的多发病，消化内科是病人较为集中的大专科，治疗的病种范围广、病人多。③呼吸内科，专门治疗胸部、气管、肺等呼吸系统疾病，其治疗的病种多，病因复杂，包括免疫、感染、变态反应、肿瘤、环境因素及许多原因不明的疾病，是一个较大的专业内科。④泌尿内科（肾病内科），治疗泌尿系统疾病即肾脏、膀胱、输尿管、尿道的疾病。治疗的常见疾病有原发性肾小球肾病、急慢性肾小球肾炎、急慢性肾炎、肾盂肾炎、急慢性肾功能衰竭和肾小管酸中毒等。⑤神经内科，治疗神经系统疾病及部分肌肉疾患，也是一个病种多而复杂的专科。⑥血液科，主要治疗各类贫血、红细胞和血红蛋白异常，各型白血病，各类出血性疾病和凝血机制的缺陷等。⑦内分泌科，它是一个基础理论较强的专科，治疗甲状腺、甲状旁腺、脑垂体、肾上腺、性腺、胰岛等内分泌腺体的疾病，如促肾上腺皮质腺瘤、甲状旁腺机能亢进、糖尿病、胃泌素瘤等。

2. 临床外科

外科是以手术切除、修补为主要治病手段的专业科室，主要包括：①普通外科，简称普外，是外科的基础学科。普外急症多，危重病人多，病情复杂，流动快，主要治疗消化系统、甲状腺、乳腺病、腹部创伤、外科感染等外科疾病。②心胸外科，也叫心胸血管外科，该科以手术治疗心脏、心脏大血管、肺脏、食道等疾病。如心脏换瓣、冠状动脉搭桥、人造血管移植、胸腔脏器损伤的处理、肺叶切除、食道修补以及气管、支气管成形等手术，都在该科治疗。③泌尿外科，以治疗泌尿生殖系统的疾患（女性生殖系统疾患除外）为主，包括肾上腺疾病，主要有结石、肿瘤、创伤、感染、畸形、结核等。④矫形外科，传统叫骨科。矫形外科又分化出多个专业，如手外科、足外科、脊柱外科、关节外科、骨肿瘤等专业。⑤神经外科，也叫颅脑外科。治疗、研究颅内和脊椎管内疾病，如大（小）脑半球肿瘤切除、脑动静脉畸形手术、各种颅脑外伤的处理、脑肿瘤切除、颅内血管性疾病的人工栓塞等。⑥烧伤、整形科，烧伤科收治各种物理和化学物质所致的烧伤、烫伤和灼伤。我国的烧伤救治技术在世界上处于领先水平。整形外科以组织移植为主治疗各种先天和后天的畸形（含烧伤后疤痕所致的畸形），修复缺损，恢复或改进功能，改善外形，包括任何部位畸形和缺损的整复。我国整形外科发展迅速，不少临床技术已达到国际水平。如一次性手术完成再造耳、鼻、眼睑、唇、颌骨、乳房和阴茎等。上述专科手术整形治疗，在没有整形外科的医院，分别由各专业外科施行。

大型医院的诊疗科室可以划分得特别细，而一些中小型医院的诊疗科室不完整，在划分上，常常将几个专业合设一个科。因此，科室名称不用系统的专业名称，而是用内一、内二科这样的称呼，所以在挂号的时候，一定要问清楚，确保挂号挂对。只有准确找到对应的诊疗科室，医生才能及时地为你进行诊断治疗。

入院、住院及出院的一般程序

如果患有严重疾病或者突发事故，需要住院治疗，那么，我们就应该了解一些入院、住院等方面的程序和注意事项。下面我们就给大家作一些简单的介绍。

1. 办理入院手续

办理入院手续相对来说较为简单，一般凭主治医生的住院通知单就可办理住院了。住院部一般设在门诊的后面，有专门的住院大楼，在住院部交了押金后，相关医护人员会领你到住院病房，并开展手术前期的辅助治疗，一般要 3 ~ 5 天。有时由于病情复杂、手术紧张等待时间会更长，这就需要你随时与手术大夫保持沟通与联系了。

2. 入院后的注意事项

(1) 保持病房安静整洁，有事外出须向医生、护士请假。

(2) 保管好自己的钱财衣物，贵重物品要随身携带。

(3) 节约用水用电，不能使用电热设备或私接电源。

(4) 要积极配合医生的治疗，争取早日康复出院。

小贴士

如何做到“既看了病，又省了钱”呢?

城市的医院按照医疗水平和管辖权限不同而分为一、二、三级。其中，三级医院，比如北京协和医院、天坛医院、北大医院，规模大、医疗设施完备，相应的费用也高。

在日常就诊时，应遵循“大病大医、小病小瞧”的原则。如果只是一般的发烧、感冒，可以在一级医院甚至社区门诊部接受治疗。如果是比较紧急、严重的疾病，比如突发高烧、意外事故，急需动手术，还是应该选择设备精良、医术高超的大医院。而如果是比较特殊的病症，可以考虑去专科门诊，比如皮肤病、肿瘤、肝病等专业性医院。

(1) 注意选准等级适当的医院。各级别的医院因设备和技术不同，各项收费额度也不一样，中小医院挂号费、检查费、手术费等相对便宜一些，而且一级医院就医人员少，不但看病快，而且交叉感染的几率也比较低。

(2) 初诊可挂普通号。其实，无论是专家还是普通医生，在患者初次就诊时都要对患者的病因、病史、病情作初步了解，要安排一系列物理、生化检查，结果出来以后才能确诊和治疗。而这些初诊工作，完全没必要请专家做。

(3) 就诊携带原病历。在就诊过程中，许多患者经常忘记携带在当地医院做的检查资料，结果只能重新化验，从头检查。这样，既浪费金钱又浪费时间。所以，患者应该妥善保存病历资料，以便看病时给医生准确、可靠的参考。

(4) 选择恰当的手术时间。各大医院虽然没有明文规定星期天不做手术，但医院医生基本上都工作五天半，手术时间大都安排在周一至周六的上午，周末休息一般不做手术，除非急诊。如果不是急诊手术，患者最好选择在周一、周二住院。做完手术前的各项检查后，患者在周四或周五就可以排上手术。如果患者在周三住进医院，做完术前检查刚好赶在周末，只能在医院等待，多花两天的住院费。

(5) 将疾病对号入座。也就是说，有急病应该去看急诊，骨伤看骨科专业，儿童看儿科专业，不要不同的病只认准一家医院一个内科。结果是费钱、费时，重者还可能因转来转去而贻误了病情。

(6) 首选普通药。选择药品时，应该优先考虑普通药品。与价格较高的进口药相比，普通药不仅价格便宜，也更加安全可靠。比如常见的阿司匹林、板蓝根冲剂等，每瓶价格不过十几元，但并不比几十元一瓶的进口药效果差。

3. 住院期间的等级护理

住院病人的病情千差万别，生活自理的能力也有不同。为了对不同病人给予不同的护理和照顾，医院一般采取等级护理方法。按等级进行护理的做法，国家卫生部已将其作为医院的一种制度，即分级护理制度。等级护理就是按国家卫生部统一制定的分级护理标准和要求，对不同病情的病人，实施相应的护理和照顾的制度。等级护理共分为四级，即特别护理（特别专护）、一级护理、二级护理和三级护理（普通护理）。病人入院后，由医生根据病情决定护理等级，下达医嘱，并分别在住院病人一览表和病人床头卡上设不同标记。

（1）特别护理。用大红色标记，凡病情危重或重大手术后的病人，随时可能发生意外，需要严密观察和加强照顾。特护的都是危重病人，但危重病人不一定都要特护。特护要求派专门护士昼夜守护，有时需把病人搬入抢救室或监护室。按照特护计划，定时测量体温、脉搏、呼吸、血压，密切观察病情，记录饮食和排出物的量，进行基础护理和生活护理，翻身按摩等。特护的收费比较高，自费病人应考虑自己的负担能力。

（2）一级护理。用粉红色标记，表示重点护理，但不派专人守护。对绝大多数重危病人来说，这就算是高等级的护理。按规定，对一级护理的病人，护士每隔 15 ~ 30 分钟巡视 1 次，既了解病情和治疗情况，又帮助饮食起居。

（3）二级护理。用蓝色标记，表示病情无危险性，适于病情稳定的重症恢复期病人，或年老体弱、生活不能完全自理、不宜多活动的病人，如病情有变化或有特殊需要，病人可用呼唤电铃呼叫医生护士。

（4）三级护理。这是普通护理，不做标记，适于病情较轻的病人，护士每 3 ~4 小时巡视 1 次。

大家了解了医院里关于护理方面的这些规定，在住院期间就可以更好地配合医生、护士，使病情能够得到更好的控制和治疗，早日康复。

4. 医院病人的基本饮食

住院病人的基本饮食，一般分为普通饮食、软食、半流质饮食、流质饮食、要素饮食、小儿饮食、产后饮食、少数民族饮食、照顾饮食及特别饮食等许多种。

普通饮食，一日三餐，适用于一般病人。软食，一日四餐，适用于疾病恢复期消化能力较差者，此类饮食细、软、易消化、无刺激性、不会引起胀气、含纤维素少。半流食，适用于高热、消化不良、手术后的病人。流食，一日六餐，比半流食更易消化和吞咽，还可以从胃管给食。要素饮食，适用于消化吸收不良的特殊病人，要素饮食为粉状，食用前用水冲服。小儿饮食，适用于7岁以下的小儿，又分婴儿奶、婴儿辅助食品、幼儿饮食和小儿饮食。产后饮食，适于产后1～2天，为清淡、易消化的流质和半流质饮食，除一日三餐主食外，下午和晚上各加一餐。少数民族饮食，根据不同民族饮食习惯和病情需要制作的饮食。照顾饮食，是特殊病人自己选择的食物。特别饮食，对于特殊危重患者，如癌症晚期病人、高干和外宾等都较为适合。

5. 办理转科或转院手续的一般规定

当您生病后住在一些中、小医院，由于该医院的技术水平和设备条件有限，在明确诊断或治疗方面有一定困难时，就需要转院诊治。有时由于您的病情涉及您所住医院的其他专科，或者有的是入院时分错了科，有的是另外又出现了别的病，在这种情况下都可在院内转科治疗。转院、转科要办理手续，应按照有关规定进行，其具体要求是：

（1）转院须由所在科讨论或科主任提出，病人和家属也可向科主任或主治医生提出要求，经医务部门与医院领导批准，提前与转入医院联系，征得对方同意后，方可转院。

（2）需转外地医院住院时，公费报销者须征得病人所在单位的同意，有时还须报请卫生部门批准，开具相关证明，才能办理相关手续。急性传染病、麻风病、精神病和截瘫病人，一般不得转外省治疗。

（3）对病情较重的病人，医院要派人护送并带上急救药品。估计途中可能有生命危险的，不能转院，应留院处置，待病情稳定后再转院，病人和家属也应积极配合。

（4）转院时应带上病历摘要，医疗资料最好也带上，以免重复检查和减少费用。对上述资料也可办理借阅手续，治疗终结出院时，将借阅资料再退还给医院。

（5）在院内转科诊治时，须经转入科会诊同意，必要时由医务部门决定。转出科会派人将病人送到转入科，并交接病情，交代有关事项。转入科又按新入院病人的一套程序进行检诊，写转入记录，并通知门诊和营养室。

6. 办理出院手续的一般程序

住院病人经过一段时间治疗后，症状消失，临床和辅助检查正常，达到治愈标准，经所管医生或主治医师决定同意出院时，即可出院。或者病情虽有好转，但达不到出院标准，而家属或病人执意要求出院时，也可以办理出院手续，离开医院。

病人办理出院手续，一般于出院前1天，先由医生下达出院医嘱，停止一切治疗、饮食及护理医嘱，将病历送收费处计价、核算、开具账单，病人或亲属持出院通知单到收费处付款、结账后，将发票拿回科室。科室见到结账发票后，才给出院证，同时向病人交代出院注意事项以指导康复，并交代一些保健和饮食方面的知识，约定复查或随访的有关事宜。然后，清理物品，向护士交清医院的用物，配给病人使用的一切物品都应清点交回，领回押金，再到住院处更换病员服，并将出院证加盖医院公章以作凭据。至此，全部出院手续办理完毕。此时，您不应忘记在离院前向医生护士告别，留下您对医院的意见和建议，以帮助医院改进工作。

住院期间的病历、各种检查报告单等有关资料，是医疗档案，也是法律依据，尤其是您再次住院时诊断、治疗的参考资料。因此，需认真保存好这些资料。

7. 病愈出院后应注意的事项

（1）向医生护士请教出院须知和自我护理知识。出院前应向医生了解自己目前的病情，还需做什么治疗，注意哪些问题，是否需要复查和什么时间复查。向护士请教和学会自我护理、自我保健的方法，必要时可请亲属参与，以便能得到亲属的帮助和关照。

（2）注意观察病情有无变化。病人出院时，肌体抵抗疾病的防卫能力还较弱，加之环境转换后，有个适应过程，此时如果饮食、休息、情绪调节等方面稍不注意，很可能导致疾病复发。

如果发现有疾病复发的征兆和症状时，应及时到医院诊治，不能麻痹大意。

（3）注意合理的饮食营养、充足的睡眠和休息，以便尽快恢复体力、提高抗病能力。工作、学习和劳动应循序渐进，不能操之过急、过于疲劳。

（4）注意保持稳定和乐观的情绪。这对于心脏病、高血压和精神病患者尤为重要，以防止由于情绪和精神因素诱发疾病。

（5）要遵守医嘱。严格遵照医生、护士出院前的嘱咐，按时服药治疗。

（6）按时到医院复查。要按医生约定的时间复查，最好能找到为自己治病的医生复查，因为他对您的病情、治疗经过、出院时的情况最了解。

病人的权利和义务

1. 病人的权利

（1）有享受医疗的权利。病人最基本的权利就是有权获得良好的医疗诊治，包括：①享受平等医疗权；②享受安全有效的诊治；③有权要求清洁、安静的医疗环境，并有权知道经管医生及护士的姓名；④有权了解有关诊断、治疗、处置及病情后期预防等确切内容和结果，并有权要求对此做出通俗易懂的解释；⑤有权决定自己的手术及各种特殊诊治手段。

（2）有拒绝治疗的权利。病人在法律允许的范围内（精神病、传染病患者的某些情况属不允许范围）可拒绝治疗，也有权拒绝某些实验性治疗。

（3）有要求保密的权利。病人在医疗过程中，对由于医疗需要而提供的个人的各种秘密或隐私，有要求保密的权利；病人有权对接受检查的环境要求具有合理的声、像方面的隐蔽性。

（4）有参与评估的权利。病人在接受治疗的过程中，对施治单位或个人各个环节的工作有权做出客观、恰如其分的评价，包括医疗费用、账单等。

（5）有监督维护自己医疗权利实现的权利。病人在享有平等的医疗权的同时，也享有维护这种权利实现的权利。在病人的医疗权利受到侵犯，生命受到威胁而又被拒绝治疗时，病人有权直接提出疑问，寻求解释或通过社会舆论提出批评，要求有关医疗单位或人员改正错误，求得解决。

2. 病人应履行的义务

（1）有尽可能、及时就医的义务。有病就要求医，不要讳疾忌医，以致铸成大错。

（2）有准确提供医疗资料的义务。病人有义务尽自己所知提供现病史、过去史、住院史、用药史及其他有关情况的准确而完整的资料，并有义务向负责其医疗的医生报告意外的病情变化。

（3）有遵从医嘱的义务。病人应按医嘱进行治疗、护理和日常生活。

（4）有遵守医院各项规章制度与规定的义务。病人要协助医院控制和减少噪声、保持清洁安静、不吸烟、减少探亲来访人员等；有义务遵守医院的规章制度。

（5）有尊重医务人员及其他病人的义务。医患之间、患者之间都应互相尊重。不应轻视医务人员及其他病人，要尊重他们的人格，更不能打骂、侮辱医务人员。

（6）有按时、按数支付医疗费用的义务。

（7）病愈后有及时出院的义务。医院的床位和医疗资源有限，只有及时周转才能保证广大患者对医疗服务的需求，因而病人病愈后应及时出院。

（8）有协助医院进行随访工作的义务。有些病人出院后，还要继续跟踪随访观察治疗效果，这是医院对病人负责的表现，病人有义务配合随访。

家中常备药以及注意事项

家中有些常备药，对于平时出现的小病或者一些突发的事故会起到一定的积极作用。现在就介绍如何准备、储存、使用这些常备药。

1. 家庭常备药的原则和主要种类

家庭药箱的内容应视家庭人口多少和家庭成员健康状况而定。选购药品要有的放矢，一般以治疗常见病、多发病、慢性病的药物为主，品种要少而精。一个药瓶或药盒只装一种药物，要贴有标签，标签上写清楚药名、规格、用途、用法、用量以及注意事项。

家庭常备药物的主要种类：

解热镇痛药，如阿司匹林、去痛片、消炎痛等。

治感冒类药，如克感敏、新康泰克、感康、速效伤风胶囊、强力银翘片、白加黑感冒片、小儿感冒灵等。

止咳化痰药，如必嗽平、咳必清、蛇胆川贝液、复方甘草片等。

抗菌药物，如阿莫西林、氟哌酸、吡哌酸、环丙沙星、复方新诺明、乙酰螺旋霉素等。

胃肠解痉药，如普鲁本辛、胃复安等。

助消化药，如吗丁啉、江中健胃消食片、多酶片、山楂丸等。

通便药，如果导、大黄苏打片、甘油栓、开塞露等。

止泻药，如易蒙停、痢特灵、止泻宁、思密达等。

抗过敏药，如塞庚啶、扑尔敏、息斯敏、苯海拉明等。

外用消炎消毒药，如酒精、碘酒、紫药水、红药水、高锰酸钾等。

外用止痛药，如风湿膏、红花油等。

其他，如创可贴、风油精、清凉油、消毒棉签、纱布、胶布、镊子等。

2. 储存药物的注意事项

家庭备用的药物应放在干燥、通风、阴暗处保存。因为一般来说，药物受空气、阳光、湿度、温度的影响较大，容易变质失效，尤其是存放于密封不严的瓶子和药袋内更是如此。另外，家中有小孩的，应注意存放的药品不要让小孩拿到，以免误服。药品均有有效期和失效期，过了有效期的药品便不能再使用，否则会影响疗效，甚至会带来不良后果。散装药应按类分开，并贴上醒目的标签，写明存放日期、药物名称、用法、用量、失效期。每年应定期对备用药品进行检查，及时更换。

3. 使用常用药的注意事项

（1）不随便服药。症状往往是疾病诊断的依据之一，随便用药会掩盖症状，造成诊断困难，甚至误诊。因此在明确诊断之前，最好不要随便用药。再者，药物有双重性，既能治疗疾病，也可能导致疾病，严重者还可能危及生命。因此，无严重症状时不必服药。

（2）注意药物间的相互作用。使用家庭药箱中的药物还要注意药物的相互作用。两种以上药物同时服用，彼此可产生相互作用，有时可使其中一种药物降低药效或引起不良反应。如青霉素类和四环素类合用，其抗菌效力不及单独使用。土霉素等肠道杀菌药与整肠生同时服用，会使整肠生失效。因此若要一次同服数种药物时，应经医生或药剂师指导，以免因药物的相互作用而失效。

（3）注意服药的方法与时间。不同的药物其服药方法和时间会有所不同，有些药需要饭前服，有些药则需要饭后服。大多数药应该用温开水送服。一般情况下，患者服药前应当先喝一口水湿润一下咽喉部，服药后再饮用200～400毫升水。这不仅有利于排出体内的毒素，还有利于药物的输送、崩解、分布和吸收，从而更好地发挥疗效。不过，有的药物服用后不宜马上饮水，如急支糖浆、复方甘草合剂、蜜炼川贝枇杷膏等。另外，大家要记住不要用浓茶、饮料等服药。茶叶中含有咖啡因和茶碱等成分，具有兴奋神经中枢的作用，不宜与安神、镇静、催眠等药物同服。茶叶中还含有另一种物质——鞣酸，可与药物中的蛋白质、生物碱、重金属盐等发生化学反应产生沉淀，这不但影响药物的疗效，还会产生一些副作用。因此，当消化道疾病患者服用胃蛋白酶、多酶片，贫血患者服用硫酸亚铁等药物时要忌茶。服药期间还应当禁酒。服用痢特灵、优降糖、阿司匹林等药物时，同时饮酒可产生严重的毒副作用。服药期间不能进食高糖食物，或用含糖饮料送服药物，因为糖甜味与药苦味中和，会使药效降低。

某些药物对食物特别敏感，服药期间应禁食该食物。服维生素 C 时，不能同时吃猪肝；抗生素不能同果汁一起服用，也不要将其放在牛奶中给小孩吃；服驱虫药时要禁食油荤；使用降压药期间，应限制食盐量；服钙片时，不宜吃菠菜等。

不同的药服用次数也不同，有些药要求一天只服一次，有些药则要求一天服两次或三次，甚至四次或更多次。如果是一天服两次，通常情况下，早晨服一次，晚上服一次，大概中间间隔 12 小时；如果是一天服三次，请注意不要按习惯的早餐、午餐、晚餐三餐前后服用，而是应该按一天 24 小时划分，大概每间隔 8 小时服药一次。这就是说，如果你是早晨 8 点钟左右服的第一次药，那么应该等到下午 4 点钟左右再服第二次，服第三次药则应等到晚上 12 点钟左右才合适。

关于服药、停药时间也有讲究，因为人体的生理和病理变化与昼夜节律波动现象有关。根据疾病的昼夜节律波动规律，选择最佳服药时间，可以达到更好的治疗效果。如糖尿病患者在凌晨对胰岛素最敏感，这个时候注射胰岛素用量小且效果好。一般情况下，药物产生疗效减轻病症后，大家就会停止用药。可是，什么时候停药、如何停药都是有规定的。比如流行性感冒、扁桃体炎等疾病，我们用药的目的是让症状减轻，使身体本身的抵抗力增强来消灭体内的病毒，对这一类疾病，一旦症状消失，就应该立即停药，如果长期用药反而会给肝脏增加负担。有些疾病病情较为复杂，如十二指肠溃疡、结核病等，用药治愈后，为巩固疗效、防止复发，一般都需要作一段时间的维持治疗，因此不能立即停药，而是采用逐渐减少用药量的方法。还有许多疾病用药时症状可以减轻，可一旦停药，症状又会恢复，因而需要长期服药，甚至要终身服药。

4. 家庭常备药的购买

有些进城务工经商的朋友，经济条件不是太好，有个头疼脑热的，一般都不愿意到大医院就诊，而是习惯于自己买点药吃吃就行了。为此，我们提醒大家，在买药时，注意到正规的药店或药房购药，千万不要为了省钱到一些没有营业执照的小药店购买；买药后注意索取发票或收据，以备将来如出现服药后引起不良反应等问题时，好判断是什么原因、责任该如何划分以及进行索赔。因此，大家一定要保存好购买药物的凭证。

5. 妙招除病

俗话说："吃五谷杂粮哪有不得病的？"一般来讲，健康以防病为主，大病需及时到医院治疗，而对于一些常见的小病，则可以学习一些民间常用的方法进行自我治疗，省时省力又省钱。这里，介绍一些简单有效的方法，或许对大家有所帮助。

（1）腰痛

①抖腿治腰痛法。正直站立，用健康的一条腿支撑身体，感觉不好的腿放松，手掌按在大腿后方，左右抖动肌肉1～2分钟，每日数次，可使腰痛减轻。

②逆行治腰痛法。在平整的地上倒退行走，尽量做到膝盖不弯曲，腰部放松，双手握拳，用四指包住大拇指，手臂前后自由摆动，也可用双手反握轻轻敲击腰部。每次逆行100～200步，每日2～3次，半月后腰痛可明显减轻。

③捏跟腱治腰痛法。跪在床上，用双手拇指和食指中节捏两足足跟后上方的跟腱，稍稍用力，经常按捏，可减轻腰痛。

④爬行治腰痛法。可在地上或床上直线往前、往后、转圆圈地爬行，早晚各1次，连续数日，腰痛可以减轻，对腰肌劳损、坐骨神经痛、关节炎、下肢静脉曲张均有疗效。

⑤推小腿治腰痛法。坐在椅子上，用手掌根部由上向下推按小腿，稍稍加压，经常推按，可减轻腰部疼痛。

（2）腹泻

①醋蛋治腹泻法。将一碗食醋倒入锅中加热，打入1个鸡蛋，待熟后趁热食蛋饮醋，每天1次，可治腹痛、腹泻、急性肠炎等。

②茶叶红糖治腹泻法。取茶叶煎成浓茶汁，加入50克红糖，再煎至茶汁发黑时饮服，治腹泻效果明显。

③醋豆腐治腹泻法。适量豆腐加醋煮熟服食，或加红糖水煮沸10分钟后食用，可治久泻不止。

④大蒜治呕吐腹泻法。取50克大蒜捣烂，放在炒黄的25克

食盐中，以250克开水兑匀，成人每次服5~8克，每日4次，可治呕吐腹泻。

⑤黄豆绿豆治腹胀法。取黄豆、绿豆各30克，一同炒黄，研成细末，每次服2~3克，每日3次，可治腹部胀满。

⑥馒头红糖治腹泻法。将馒头烤焦，压成碎末，加适量红糖用开水冲服，每日3次，对慢性腹泻有疗效。

（3）头痛

①盐治头痛法。用食盐轻擦舌尖，并且喝一杯盐开水，头痛症状就可减轻。

②按穴治头痛法。用一只手的拇指和中指使劲按两边的太阳穴，另一只手的拇指和食指按揉后颈部的颈窝，可治头痛。

③冷敷治偏头痛法。偏头痛发作时，取湿毛巾敷在痛处，毛巾捂热后就随时更换，一般20分钟左右就能减轻疼痛。

④热水浸手治偏头痛法。双手浸入热水中让水没过手腕，每次浸半小时。在浸泡过程中，要保持水温。连续浸泡数次，偏头痛症状可消失。

⑤梳头治头痛法。每天反复梳头，再用木梳齿轻轻叩击头皮3~5分钟，可治疗血管神经性头痛、偏头痛等。若能针对头部穴位和疼痛部位叩击，疗效会更好。

（4）经期病症

①藕治月经不调法。妇女月经提前，颜色鲜红或红紫黏稠、量多，可多食藕，有凉血止血去瘀的功效。

②油菜治痛经法。油菜有行瘀散癖消肿解毒、温经散寒的功效。常食可治妇女经期小腹下坠疼痛，对产后瘀血腹痛、乳痈阴疽等症也有疗效。

③按穴治痛经法。有痛经史的妇女，从行经前3日起，取仰卧位，自己直接按摩脐下小腹部，并指压脐下3寸处的关元穴，脐下1寸半处的气海穴，每日2次，即可预防痛经的再次发生。

④热水袋敷治痛经法。将热水袋放在脐下小腹部，左右侧换敷，温度以不烫伤皮肤为限，治疗痛经可很快见效。

⑤热水浸手治经期头痛法。将双手浸泡在1盆热水中，逐渐添加热水，以保持水温，一般30分钟后头痛症状可减轻，以至消失。

⑥热敷治痛经法。将500克粗盐、300克葱白、100克生姜一起炒热，用布包好，热敷小腹部，每日2次，每次15~20分钟，可治痛经。

（5）感冒

①按摩脚掌防感冒法。坐在椅子上，左脚放在右膝上，一手紧贴脚掌推擦，力量由轻渐重，连续按摩3分钟，然后两脚交换，重复2~3次，能防感冒，还能消除大脑疲劳，增强记忆力。

②白酒治感冒法。在患者耳根下方、颈部两侧、腋窝、手臂内侧、手腕、大腿根部、膝盖内侧、脚踝两侧、脚心等处，用软布蘸白酒各来回擦拭40次，然后盖被睡觉，可治愈感冒。

③醋防感冒法。一种方法是，在房间里放一大口瓶，装入食醋，即可以消毒空气，预防感冒；另一种方法是，将醋加热或泼到暖气片上，使其蒸发到整个房间，效果更好。

④大葱治感冒法。受寒感冒，可用3根葱白、3片生姜一起煎服；葱白捣汁滴鼻或用冷开水冲服，能预防感冒。

⑤冷敷退热法。将毛巾放在凉水中浸湿，拧干后敷于患者前额部，每5~10分钟换1次，或用塑料袋等容器注入凉水，枕于

脑后，可暂时使高烧患者降低头部温度。

⑥牙膏治感冒法。初发感冒时，可将牙膏涂在两侧太阳穴、前额正中的天庭穴、鼻下唇上的人中穴，保留10分钟后洗去，可减轻以至消除感冒的症状。

（6）损伤肿痛

①足踝扭伤敷疗法。足踝扭伤后，当即只能用冷水或白酒作冷敷处理，1小时后用绷带缠住固定。休息时垫高受伤的脚。第二日改用热水或药水等作热敷处理，热敷后再贴消肿膏，一般10日可恢复。

②按穴治腿脚抽筋法。腿脚抽筋时，可立即用拇指和食指捏住上嘴唇中央的人中穴，约20～30秒钟，可使肌肉松弛，抽筋消除。

③白糖愈合伤口法。白糖可降低伤口局部水分，在伤口上撒些白糖，能抑制细菌繁殖，防止感染，有助于伤口愈合。

④葱白红糖止血法。将葱白与红糖一起捣烂成泥，敷在伤口上，即可止血。

⑤擀面杖治落枕法。将两根较粗的擀面杖在小火上加热，温度以不烫为限，然后像擀面一样在疼痛部位来回地擀。两根交替使用，保持热度，反复3次。擀的时候疼痛会加剧，过后即会感到舒适轻快。

⑥食糖消肿法。在肿块及擦伤处，抹上白砂糖，能消肿且不留疤痕。

（7）外伤消炎止血法

①对脏伤口，先用冷开水或生理盐水洗净，涂上红药水，撒上消炎粉，再包扎。对深伤口，出血多，立即用消毒纱布、棉花

加压包扎，送医院。切忌涂过红药水后再涂碘酒，两者发生反应会生成有毒的碘化汞。

②烟丝止血法。香烟丝敷于伤口处，能立即止血消痛。

（8）醒酒

①醋醒酒法。取50克米醋或陈醋，加25克红糖、3片生姜煎汤饮服，可减轻酒精对人体的损害。

②萝卜醒酒法。将500克鲜萝卜，捣碎取汁，一次饮服，或适量吃些生白萝卜，都可收醒酒之效。

③牛奶醒酒法。醉酒者可饮些牛奶，以便使蛋白凝固，保护胃黏膜，缓解对酒精的吸收。

④芹菜醒酒法。将适量芹菜挤汁饮服，可以醒酒，尤其可消除醉酒后的头疼脑涨、面部潮红等症状。

⑤生梨醒酒法。吃几个梨或将梨去皮切片，浸入凉开水中10分钟，吃梨饮水，可解酒。

疾病预防与生活保健及急救常识

在城市生活、工作，广大农民工朋友应该掌握一些疾病预防方面的知识以及日常生活当中养生保健的小常识。

1. 如何保持心理健康

心理不健康是在外界压力和自身身体素质的互动下产生的，它的产生与人所处的环境和自己分析处理问题的能力及个人性格有着密切的关系。不同的人面对同样的情境也许会产生截然不同的态度。在日常的生活中，如果一个人出现情绪喜怒无常、不愿与人接触、经常无故地发脾气、无法容忍挫折等，都是心理不健康的表现。国内外心理学家关于如何培养和保持心理健康提出了以下建议：

第一，性格开朗、目标明确。无论在家、在单位或公共场所，都要保持愉快的心情，生活要舒心，有目标，这样会使人情绪高昂、执著追求，在有限的时间内做更多有意义的事情。

第二，适应和改善现实环境，做自己命运的主人。要积极参加并合理处理生活中的冲突；采取开放式的学习方法，不断增长生活经验；面对一种情境要力求有多种考虑和选择方法，把变化看成是学习的机会，学会应付变化的外界环境，并锻炼情绪的可塑性。

第三，保持人格的完整和健康。遇事莫慌，努力解决问题，不要被消极失败的念头所缠绕，而要力求成功，热情和积极总是与成功相伴；要做生活的主动参与者，把情绪专注于目前的事业，富有成就感、荣誉感，这样你就会成为受欢迎的人；要富有自尊与成就感，对自己的命运、思想、情感和行为有正确的估价，努力矫正消极行为与情绪。

总之，在日常的行为生活中，要努力做到“三不烦”：过去的事情不烦；没有发生的事情不烦；正在发生正在面临的问题不烦。用积极乐观的心态去面对工作生活中出现的问题，真正做到身心健康。

2. 如何舒缓压力

随着社会的进步，生活和工作节奏日益加快，竞争日趋激烈，人们的压力逐渐加大。压力好似一根绷紧的琴弦，如果琴弦绷得太紧，则容易拉断，因此只有有效地放松琴弦，舒缓压力，才能健康地生活，以下几个方法不妨一试。

(1) 重视自身心理调节

首先，对待工作和生活中发生的事情，要有一颗平常心。其次要有幽默感，幽默感可以说是预防压力的最佳良药。有的人一本正经、不苟言笑，总是一副神色凝重的样子。有人说在工作压力这么大的情况下，怎么笑得出来？这句话说反了，在工作压力大的时候，更应该努力改变自己的心情，以大笑的方式解除压力。再次，发展兴趣，放松身心，比如打球、下棋等。兴趣爱好会把自己从紧张的压力状态中解脱出来，从而改变自己的心情。

(2) 不可积累压力

人如果长期处于压力的情况下，不但对身体健康造成损害，同时会使人感到压抑和沮丧。因此，对接二连三、蜂拥而至的压力，必须及时地做出反应，竭尽全力地将压力排出体外。

(3) 巧妙运用分解法

当你觉得压力把自己压得难以负担时，不妨试试这样的方法：把生活小的压力罗列出来，一、二、三、四……你一旦罗列出来以后，就会惊人地发现，这些压力并不是那么大，“各个击破”它们完全是轻而易举的。

(4) 运用言语和想象放松

这是类似轻度自我催眠的放松法，在安静独处的时候，对自己说“蓝天白云下，我坐在平坦绿茵的草地上”，“我舒适地泡在浴缸里，听着优美的轻音乐”，在短时间内放松、休息，恢复精力，让自己得到精神小憩，你会觉得安详、宁静与平和。

(5) 想哭就哭，哭能够缓解压力

据研究，哭是缓解压力比较好的办法之一，通过这种途径，可以使心中郁闷的情绪得以发泄。

(6) 运动消气

法国出现了一种新兴的行业——运动消气中心。即有专业教练指导人们如何大喊大叫，扭毛巾，打枕头，捶沙发来“减压消气”。除此之外，还有其他的一些方法可以舒缓压力，比如：读书消愁法、看恐怖片、吃零食、郊游等。个人可以根据自己的习惯选择不同的方式来排遣抑郁和压力，直到得以缓解、消失为止。

3. 对抑郁症的症状辨别

(1) 什么是抑郁症

抑郁症是一种常见的精神疾病，主要表现为情绪低落，兴趣减低，悲观，思维迟缓，缺乏主动性，爱自责，饮食、睡眠差，担心自己患有各种疾病，感到全身多处不适，严重者会出现自杀念头和行为。抑郁症与一般的“不高兴”有着本质区别，它最明显的特征，综合起来主要是三大症状：情绪低落、思维迟缓和运动抑制。运动抑制就是不爱活动，浑身无力，走路缓慢，言语少等。严重者可能不吃不动，生活不能自理。

(2) 对抑郁症的认识

抑郁症是精神科自杀率最高的疾病。抑郁症发病率很高，几乎每10个成年人中就有两个抑郁症患者，因此它被称为精神病学中的感冒。

(3) 抑郁症早期的10种常见症状

①病人感到心情沉重，生活无意义，郁郁寡欢，度日如年，痛苦难熬，不能自拔。有些病人也可出现焦虑、恐惧、易激动、紧张不安等。

②丧失兴趣是抑郁病人常见症状之一。他们对任何事都失去兴趣，对既往爱好不屑一顾，常闭门独居，疏远亲友，回避社交。

③精力丧失，疲乏无力，洗漱、着衣等生活小事困难费劲，感觉力不从心。病人常用“精神崩溃”、“泄气的皮球”来描述自己的状况。

④自我评价过低。病人往往过分贬低自己的能力，以批判、消极和否定的态度看待自己的现在、过去和将来，这也不行，那也不对，把自己说得一无是处，前途一片黑暗，产生强烈的自责、内疚、无用感、无价值感、无助感。

⑤病人呈显著、持续、普遍抑郁状态，注意力困难，记忆力减退，脑子迟钝，思路闭塞，行动迟缓，但有些病人则表现为不安、焦虑、紧张或极度亢奋。

⑥消极悲观。内心十分痛苦、悲观、绝望，感到生活是负担，不值得留恋，以死求解脱，可产生强烈的自杀念头和行为。

⑦躯体或生物学症状。抑郁病人常有食欲减退、体重减轻、睡眠障碍、性功能低下和心境昼夜波动等生物学症状。

⑧食欲减退、体重减轻。多数病人都有食欲不振，胃口差症状，美味佳肴不再具有诱惑力，病人不思茶饭或食之无味，常伴有体重减轻现象。

⑨性功能减退。疾病早期即可出现性欲减低，男性可能出现阳痿，女病人出现性冷淡。

⑩睡眠障碍。典型的睡眠障碍是早醒，比平时早起 2～3 小时，醒后不复入睡，陷入悲哀情绪中。

4. 初期抑郁症的治疗

根据抑郁程度的不同，一般会有不同的治疗方法帮助患者走出抑郁的心情。如果抑郁程度较深，建议去医院寻找心理医生的帮助。这里要介绍的一些方法，主要是针对初期抑郁病患者，参考的是美国学者卡托尔提出的，并被实践证明治疗效果较好的若干种方法。卡托尔认为，不同的人会进入不同的抑郁状态，但是只要遵照以下 14 项办法，抑郁的症状便会很快消失，这 14 项办法包括：

（1）必须遵守生活秩序。与人约会要准时到达，饮食休闲要按部就班，从稳定规律的生活中领会自身的情趣。

（2）留意自己的外观。自己身体要保持清洁卫生，不得身穿邋遢的衣服，房间院落也要随时打扫干净。

（3）即使在抑郁状态下，也绝不放弃自己的学习和工作。

（4）不得强压怒气，对人对事要宽宏大度。

（5）主动吸收新知识，“活到老学到老”。

（6）树立挑战意识，学会主动接受矛盾，并相信自己能成功。

（7）即使是小事，也要采取合乎情理的行动；即使你心情烦闷，仍要特别注意自己的言行，让自己合乎生活情理。

（8）对待他人的态度要因人而异。具有抑郁心情的人，对外界每个人的反应、态度几乎相同，这是不对的，如果你也有这种倾向，应尽快纠正。

（9）拓宽自己的情趣范围。

（10）不要将自己的生活与他人的生活比较。如果你时常把自己的生活与他人作比较，表示你已经有了潜在的抑郁，应尽快克服。

（11）最好将日常生活中美好的事记录下来。

（12）不要掩饰自己的失败。

（13）必须尝试以前没有做过的事，要积极地开辟新的生活天地，使生活更加充实。

（14）与精力旺盛又充满希望的人交往。

5. 损害健康的7种不良习惯

（1）饿了才吃

生活中很多人不是按时吃饭，还有相当一部分人不吃早餐，如果长期保持这种习惯那就会严重损害自身健康了。其实，食物在胃内仅停留4~5小时，感到饥饿时胃早已排空。胃黏膜这时会被胃液“自我消化”，引起胃炎或消化性溃疡。饮食规律、营养均衡是养生保健必不可少的物质基础。

（2）渴了才喝

工作繁忙时，口渴时才饮水的人相当多，他们不了解渴了是体内缺水的反应，这时再补充水分为时已晚。水对人体代谢比食物还重要，生理学家告诉我们，每个成年人每天需饮水1 500毫升左右。晨间或餐前一小时喝一杯水大有益处，既可洗涤胃肠，又有助于消化，促进食欲。据调查，有经常饮水习惯的人，便秘、尿路结石的患病率明显低于不常饮水的人。

(3) 累了才歇

许多人误以为累了是应该休息的信号，其实这是身体相当疲劳的“自我感觉”，这时才休息已为时过晚。过度疲劳容易积劳成疾，降低人体免疫力，使疾病乘虚而入。不论是脑力还是体力劳动者，在连续工作一段时间后，都要适当地休息或调整。

(4) 困了才睡

困倦是大脑相当疲劳的表现，不应该等到这时才去睡觉。按时就寝不仅可以保护大脑，还能提高睡眠质量，减少失眠。人的一生约有1/3时间是在睡眠中度过的，睡眠是新陈代谢活动中重要的生理过程，只有养成定时睡觉的习惯，保证每天睡眠时间不少于7小时，才能维持睡眠中枢生物钟的正常运转。

(5) 急了才排

很多人只在便意明显时才去厕所，甚至有便不解，宁愿憋着，这样对健康极为不利。大小便在体内停留过久，容易引起便秘或膀胱过度充盈，粪便和尿液内的有毒物质被人体重新吸收，可导致“自身中毒”。因此，应养成按时排便的习惯，尤以晨间为好，以减少痔疮、便秘、大肠癌的发病机会。

(6) 胖了才减

随着生活水平的提高，肥胖患者日渐增加。导致肥胖的原因主要是进食过量，营养过剩，缺乏运动。而这几种诱因完全可以在体重超标之前加以预防，如控制饮食，防止暴饮暴食，调整饮食，加强体育锻炼。目前市场上还没有理想的减肥药，因此，减肥不如防止肥胖，饭后百步，减少脂肪。

（7）病了才治

疾病应该以防为主，等疾病上身，已经对身体造成危害。疾病到来时都是有信号的，比如人们常说的亚健康状态就是疾病的前奏。平时应该加强锻炼，提高自身抵御疾病的能力，感觉身体出现亚健康状态，就要引起注意，要把疾病消灭在萌芽状态。

6. 日常保健小常识

（1）饭后吃水果是错误的观念，应是饭前吃水果。

（2）喝豆浆时不要加鸡蛋及糖，也不要喝得太多。

（3）空腹时不要吃番茄，最好饭后吃。

（4）早上醒来，先喝一杯水，能够预防结石。

（5）别习惯宵夜，因为肠胃得不到休息会得胃癌。

（6）睡前三小时不要吃东西，会胖。

（7）每天十杯水，膀胱癌不会来。白天多喝水，晚上少喝水，一天不要喝两杯以上的咖啡，喝太多易导致失眠，胃痛。

（8）10种吃了会快乐的食物：深海鱼、香蕉、葡萄、全麦面包、菠菜、大蒜、南瓜、低脂牛奶、鸡肉、樱桃。

（9）睡眠不足会变笨，一天须八小时睡眠，有午睡习惯者不易老。最佳睡眠时间是在晚上10时到第二天早上6时。

（10）苹果是开车族、烟瘾者、家庭主妇的常备良药，一天一个，才能让自己有个干干净净的肺。

（11）抽烟会致癌，尽早戒烟才是最健康的做法。抽烟，关系最大的是肺癌、唇癌、舌癌、喉癌、食道癌，也与膀胱癌有关；饮酒导致肝硬化，引发肝癌。

（12）少食腌制、烟熏、烧烤类食物，长期食用也会导致癌症。

7. 教你两种急救方法

人工呼吸

当病人停止了呼吸时，可用人工呼吸帮助病人恢复呼吸，赢得救治时间。

（1）口对口式

这是最有效、最迅速的方法，正常情况下，病人的呼吸很快会恢复过来，但如果是在被电击、服毒以及一氧化碳中毒等情况下，神经和肌肉都已麻痹，或者一氧化碳替换了血液中的氧，要有长时间坚持的准备。

方法：使病人仰面躺在地上，用手掰开下颌使其头向后仰（防止舌头后滑压住呼吸道），用另一只手捏住鼻孔。检查口和喉咙有无阻塞物。嘴对着嘴，不停地吹气和吸气。

当你轻缓地向病人肺部吹气时要注意胸部的扩张。如果胸部没有扩张隆起，则可能有阻塞物，将病人侧放，在肩后背捶击，除去阻塞物。当看到胸部自然回落时再进行人工呼吸，你应该感觉或听到有气回落。

尽可能快地重复 6 次，然后每分钟做 12 次，直到病人恢复呼吸。

对于孩子来说，强迫式猛吹很可能会伤害小孩柔嫩的肺脏，因此不要猛吹，可以正常呼气；对于婴儿可以微微吹吸，要尽可能快地反复吹吸 4 次。

（2）口对鼻式

不管什么原因，如果你无法做到口对口式，可将病人嘴部封住，用口对鼻式进行人工呼吸。对于婴儿可以用自己的嘴同时封住他的口和鼻。

人工呼吸贵在坚持，无论用何种方式，首先的5分钟可能是最为关键的，但是如果病人仍未恢复呼吸，人工呼吸至少应持续1小时，可以与别人替换进行，同时检查心跳是否正常。

(3) 对面部受伤者进行人工呼吸

如果病人中毒或面部受伤，使得口对口式人工呼吸无法进行，或者当病人可能需要进行心脏压迫法时，需要采取以下人工呼吸法。

使病人仰卧，抬起肩部，背部下面垫起折叠的毛毯或衣物。用双膝夹住病人头部，双手平放病人脊下部肋骨处，向前摇动，轻稳地推压腹部。

尽可能向上向外举起病人双臂。对于成年人应每分钟重复进行12次。如果没有效果，将病人侧放，在肩部后背处轻击，使得可能存在的阻塞物脱离，使呼吸循环恢复通畅，不要轻易放弃。

(4) 面朝下式人工呼吸法

如果病人无法进行口对口式或者病人无法翻过身来，可以采用此法使病人恢复呼吸。病人面朝下平躺在地上，使污物可以从嘴中流出，不会引起窒息。或将病人手臂弯曲，垫在面部下面。松开扣紧的衣物，确信舌头伸向前，口部没有水草、泥浆等阻塞物。

跪着面对病人，一膝在前，手掌伸展压击病人肩后背部，依次完成以下程序，连续进行8次。

①直臂向前推压肩后背（大约进行2秒）；

②手掌向后推压，抓住病人上臂（0.5～1秒）；

③轻微抬起病人的双臂，进一步摇动后背（2秒）；

④将病人双臂放低至地面上并复位（0.5～1秒）。

每分钟重复1～2次。

心跳起搏术

无论使用哪种人工呼吸救助法，如果感觉不到脉搏跳动，同时在做了10～12次人工呼吸后病人状况仍无明显改善，应开始进行心跳起搏术。

首先让病人仰卧在干地上，用手掌猛击胸骨下部。如果仍无脉搏跳动，增大力度，继续进行。

双膝跪在病人腰部两侧，双掌交叠放于胸骨下半部、肋骨的中柱骨上，确保双掌位于胸骨下端或末端之上的部位，双臂伸直，身体加压，搏击病人胸部。在每次肺部换气后，连击6～8次。

成年人胸腔可下压深约4厘米，每分钟至少重复60次。动作应连贯迅速，不规则或粗暴施压可能会造成胸腔严重受损。

对待儿童需要减缓加压，增加推压频率。婴儿和幼儿只能用两手指施加微压，每分钟频率可提至100次。10周岁以上的孩子，可用一只手掌推压，每分钟80～90次。

根据病人瞳孔扩散状态、颈动脉是否恢复起搏确定急救是否成功。在进行心跳起搏术的同时，人工呼吸仍是必需的。

8. 基本外伤的自我处理

在城市打工的人，很多从事的是体力劳动，难免会发生撞伤、扭伤、割伤等情况，下面介绍一些出现这类情况的处理常识。提醒大家的是，这些常识仅用在尚未就医之前，不管是什么伤痛，到了一定程度就必须去医院诊治。

（1）烫伤

如果是轻微烫伤，只需用抗组胺软膏、可体松软膏或氧化锌软膏擦在伤处，或者用盐水清洗伤口。严重烫伤，则要预防休克，可用较厚且消过毒的干燥敷料覆盖在上面，不要涂擦碘酒，并注意减轻患者痛苦，防止伤口受到污染。如果是眼睛烫伤，最好用洁净的水冲洗眼睛，除去外物，再用干燥的纱布垫盖于眼睛上面，立刻找医生治疗。

（2）割伤

割伤是指因利器切割所造成，伤口的边缘整齐，也较清洁，浅的伤口用温开水或生理盐水冲洗拭干后，再用酒精消毒、止血，然后包扎，外用“创可贴”，一般多能较快痊愈。但伤道深，有时切割到较大血管，常引起大量出血及休克，必须立刻给予止血并防止感染。用干净的纱布压迫患部约 5 分钟，使流血停止，并速到医院进行清创术，视割伤情形缝合修补。注意刀伤伤口不可涂抹软膏之类的药物，以利伤口愈合。

（3）锉伤

锉伤指钝物打击或冲撞而引起局部损伤，皮肤虽然未破裂，但皮下小血管多半会遭受损伤或破裂，有肿胀、疼痛及皮下出血、淤血、发青发红等现象。锉伤刚发生时可用压力止血及冰块冷敷，使局部血管收缩止血，12 小时以后，再用热敷法，以提高局部温度，促使血液循环，加速淤血吸收；如果已成血肿者，可以使用火烧过的消毒针尖，挑出淤血或注射纤维素，使血肿得以消失，否则会导致血肿纤维化，进而肌肉收缩，最后造成关节变形等现象。

(4) 刺伤

刺伤一般指尖锐物（叉、刀、钉、针、树枝等）所穿刺的伤，伤口小，但伤道深。由于伤口窄小，伤道深，深部组织损害最严重，异物常留存在伤口内，所以最容易引起深部组织感染及破伤风等症状。

治疗时，先用盐水冲洗伤口，再敷药包扎，并给予止痛剂及抗生素。假如刺或小木片留在皮肤内，而自己可以除去时，必须先洗净双手及伤口，然后用火消毒过的针尖去挑这些异物，再依法治疗。假如大的异物刺进很深的皮肤，最好不要挑动它，必须立刻送医救治。若加以挑动，不仅会引起疼痛，大量出血，而且会使医生无法知道异物的所在。

另外，朽木、生锈的钉等，很可能含有破伤风菌，农民工朋友要特别注意避免受到这些东西的伤害。

(5) 扭伤

扭伤常发生在踝部、腰部、颈部及手腕等处。关节扭伤常会伴随着肌腱组织撕裂或离位，受伤者疼痛难忍，受伤部位肿胀，时间一长会出现青肿斑。用冷水浸泡扭伤的关节部位，可以缓解青肿。有必要的话，用绷带支持，抬高伤肢，充分休息。颈部、腰部扭伤者在搬运时不可移动受伤部位。如果扭伤脚踝后仍必须赶路，就不要脱去鞋子，否则，关节处由于青肿就会使受伤者无法再把鞋子套在脚上。鞋子还可起到类似夹板的固定作用。扭伤后无论轻重，不可立即洗澡、按摩。

(6) 脱臼

猛然跌落、撞击都可能引起关节脱臼，导致受伤部位明显畸形，疼痛剧烈。如果是臂部脱臼，同伴或援救者可脱去鞋子，用脚撑在受伤者腋下，拖动脱臼的臂部，使之复位。

如果是手指脱臼，拽动手指，再慢慢放松，使骨头复位。如果握住受伤者的腕部，效果会更好。

如果是腭部错位（通常是由于遭到击打引起，有时甚至打哈欠也会引起腭部错位），最好在受伤者下牙上放好布衬垫，使其头部靠牢。用拇指向下压动衬垫，同时用手指使腭部错位处前后转动，这样会使腭部突然复位。

第五章　不可不知的求职就业常识

当农民工朋友做好充分的准备，满怀希望地来到自己选定的务工城镇后，接下来要做的就是在务工城镇谋求一份适合自己的工作，找工作并非易事，尤其是要找到一份令自己满意的工作更不容易。在找工作过程中有许多知识和程序需要农民工认真掌握，如果对某些知识和程序不了解的话，可能会给你的求职带来诸多不便，甚至会落入不法分子设立的圈套之中，使你的人身和财产安全遭受不必要的侵害。在本章中，我们将为你详细介绍这方面的知识，希望能对你的求职有所帮助。

如何找到一份合适的工作

1. 了解城镇用工信息

了解城镇用工信息对进城务工有极大的帮助。获取城镇用工信息的途径前面几章均有介绍，此处不再赘述。

2. 了解找工作的技巧

找工作同做事情一样，也有方法和技巧。很多人找不到工作并不是因为他们没有做事的能力，而是因为他们在找工作过程中没有运用正确的方法和技巧。所谓正确的方法和技巧，主要包括以下三方面内容：

（1）了解自己。包括了解自己的知识、技能、性格、爱好以及身体状况等。找工作之前，你必须先对自己有全面的认识，一定要知道自己适合做哪方面的工作，不适合做哪方面的工作。找工作不能眼高手低，明明自己不能做的工作却偏要做，结果必然遇到挫折。

（2）了解你所选择的职业和行业。了解想从事岗位的工作内容、工作性质和对从业者素质的要求。可以向亲朋好友中做过相关工作的人了解有关情况，也可以向从事这方面工作的其他人请教，他们经验丰富，体会深刻，能给你提供具有指导意义的信息。他们工作过程中的失败教训，能使你少走弯路，而他们的成功经验又是你可以借鉴的。

（3）自我推荐。在了解自己和了解工作的基础上，就开始求职了。求职就是寻找和得到工作的过程，通常包括获得用人的信息、争取面试、谈话、签约等环节。找工作就像推销商品一样，要让顾客买你的产品，你必须告诉对方，你的商品有何特点，价格如何公道。同样，找工作时也要围绕着“我是做好这份工作最合适的人选”这样一个中心来展开。学会推销自己，才会得到他人的认可和录用。

3. 面试前要作什么准备

面试是与用人单位第一次正面接触，非常重要，尤其是在应聘一份好工作时，面试的好坏直接关系到你能否被对方认可并成功应聘。因此，农民工朋友在面试前一定要做好充分的准备。

(1) 在穿着打扮上的准备。面试时该穿什么样的服装呢？这是每个求职者在面试前都要考虑的问题，对于服装的选择，要本着适合场合、得体、简单大方的原则，尽量使自己看起来成熟稳重一些，另外切不可穿着过于前卫与另类。应按所应聘的职业的性质来着装，如果是应聘文职人员，切记不要穿得太随便，因为这直接反映出你的个性和素质，最好以职业装和西服（男性）为主；如果是应聘体力活，穿着可以相对随便一点，如果穿得太正规了反而会让你格格不入。另外，从装扮方面来讲，女性不可浓妆艳抹，包括头发、指甲、配件等细节都应干净清爽，至于配饰，能不戴最好不要戴，如果一定要戴就要选择简单高雅的饰品。总之，面试着装与装扮，一定要恰如其分，给面试官留下良好印象。

(2) 心态上的准备。一份良好的面试心态在面试过程中起着很重要的作用，它直接关系到你在面试中的发挥及精神状态。所以面试前一定要调整自己的心态，尽量让自己保持一种平和、积极向上、充满自信的心态，在面试前尽量不要去想过多的没有意义的问题，例如过分地担忧面试的结果，担心自己会不会出什么差错，等等。考虑这些问题只会让你背上沉重的思想包袱，反而对面试不利。所以要保持良好的面试心态，对自己充满信心，只有这样你才会从容不迫、不卑不亢地与面试官交谈。

（3）相关信息资料的准备。面试前尽可能地详细了解目标公司的一些基本情况，如业务范围、规模等。掌握这些基本资料是必要的，很多公司在面试时一般都会问及这些问题，如果你能回答好的话，会让考官感觉到你的诚心以及你对公司的重视，会增加考官对你的好感。另外，如果你能针对用人单位思考一些好的意见的话，就更能引起考官对你的好感。

（4）应对提问题的准备。在面试时，考官除了观察你的行为举止外，更多的是通过提问来判断你的综合素质，如语言表达能力、分析能力、业务能力等。因此，在面试前可以有针对性地就一些问题进行自我准备，这样能使你更流利地表达，从而圆满地回答问题。一般来说，考官会在面试时就求职者的简历提问，如果对方对你的某段经历感兴趣的话还会仔细询问，但有一些求职者在谈自己的履历时常含糊其辞，忘记某一项是常有的事。因此，在面试之前，你必须确定自己对整个简历的每一项内容都了如指掌，否则，考官一问很可能你就慌了手脚。

此外，下面这些问题是在面试中经常会被问到的，如果你对它早有准备，就不会临阵慌忙。

- 请你简单地介绍一下你自己。
- 农村现在收入不错，您为什么要离开农村？
- 您为什么要（不再）读书？
- 您准备在我们工厂干多长时间？
- 您业余时间干些什么？
- 您认为您最适合干什么？
- 您觉得您与其他求职者有何不同？
- 有没有别的公司愿意聘用您？

• 你的婚姻状况，计划生育落实情况，孩子目前是否在读书?

• 枯燥单调的工作您也愿意干吗?

• 您希望您的工资是多少?

• 您还有什么想问的?

4. 如何应对面试

目前农村青年找工作并不仅仅局限于建筑、装修、保洁等岗位，一些农村青年拥有了一定学历、技能及多年找工作经验，也希望能找到高端工作，那么在进城找工作的面试过程中，怎样才能够自如地应对，顺利过关?下面是面试过程中的一些应注意的事项和技巧。

(1) 面试一定要守时、守约，迟到和失约是面试中的大忌，这不但会表现出求职者没有时间观念和责任感，更会令面试官觉得求职者对这份工作没有热忱，印象分自然大减。守时不但是美德，更是面试时必须做到的事。因此，应提前 10 ~ 15 分钟或准时到达。如因有要事迟到或缺席，一定要尽早打电话通知该公司，并预约另一个面试时间。另外，匆匆忙忙到公司，心情还未平静便要进行面试，自然表现也会大失水准。一个不守时的人是很难应聘成功的，因为每个用人单位都希望员工遵守单位的各项规章制度，尤其是作息时间。对于一个连面试都迟到的人来说，是很难让人相信你今后会遵守单位的规章。

(2) 面试时随身携带一支笔和一个笔记本以备用。面试时偶尔记点笔记是明智之举，也是非常必要的。在面试时，你需要把一些重要的东西（例如，针对问题想出的简单的提纲，一些你一时想不起来，需要过后再答复面试官的问题）记在本子上以便于自己思考或防止自己忘记，而且把面试者所说的话记录下来能体现你良好的处理事情的能力，对对方也是一种尊重，这会使对方觉得高兴。

良好的开始可以说是成功的一半，要确保一开始就给招聘单位留下一个自信、诚恳的印象，在面试时对接待人员要和蔼、大方；在遇到尴尬场景时可以说几句话打破沉默，例如赞美一下漂亮的办公室，或说一些有趣的话题等；在对方招呼你坐下以前不要坐下，不要主动和对方握手。

（3）面试时表情要自然、大方，面带微笑，保持自信。轻松和真诚的微笑会使你处处受欢迎，因为微笑能显示你的气质和朝气，这样会给人一种亲切感并容易得到考官的认可。因为每个人都乐于与和气、快乐的人一起共事，微笑、自信的表情还可以给你的面试创造一个轻松、愉悦的氛围。另外，在接受面试时举止不要过于拘谨，应落落大方并表现出热情，但不要表现得太过分。

（4）在回答面试问题时，大多数求职者都会很紧张，但一定要好好地控制自己，尽量放松，时刻想着我能行，给自己增添信心。讲话时一定要紧扣话题，不要吞吞吐吐答非所问，一定要找到回答要点，很响亮地说出自己的观点。考官提出问题不用马上就做出回答，应先考虑清楚再回答，对于问题的回答要求逻辑性比较强，有观点，如果适当讲述一下你以前所做的值得自豪的事情就更能引起面试官的注意。回答问题时，切记不要高谈阔论、滔滔不绝、喋喋不休，面试官最怕求职者长篇大论，说个没完没了。其实，回答问题，只需针对问题重点回答，没有必要面面俱到。另外，回答问题也不可过于简单，有些农村青年由于性格内向，十分害羞，不懂得把握机会表现自己，无论回答什么问题，答案往往只有一两句，甚至只回答“是、有、好、可以”等，这样回答太机械，不能引起面试官的注意和兴趣，这是不可取的。如果性格胆小害羞，平时应多加练习，克服不良心理，以做到轻松镇定、谈吐自如。

（5）如何应对冷场。主考者可能无意或故意不做声，造成长时间的沉默。如果主考者是故意的，往往是想考验应聘者的反应。许多应聘者因准备不足而不知所措，讲了一些无意义或不该说的话。应付冷场的办法是预先准备一些合适的话题或问题，在这个时候提出来，也可以顺着先前谈话的内容，继续谈下去，千万不要东张西望，无所事事。

（6）讲了错话怎么办。经验不足的应聘者遇到这种情形，往往懊悔不已，心里紧张，接下来的表现更糟。有些求职者发觉自己讲错话后停下来不做声或伸伸舌头，这些都是不成熟、不庄重的表现。若说错的话无关紧要，应聘者可以不要在意，继续回答后面的问题。因为企业聘人不会因应聘者一次小错误而放过合适的人选，而且他们也明白你是紧张所致。若说错的话比较严重，你可以在合适的时间自动提出来并予以更正、道歉，俗话说“知错就改，善莫大焉”，这样做比起知错不改所造成的后果要好得多，最起码也会让人觉得你这个人比较诚实、务实。

（7）在问及薪资待遇时，作为正规的公司来说，对各个岗位都有系统的工作分析，全面的工作评价，准确的职位说明，完善的薪资体系，公平的福利待遇，一般你不用太担心薪资待遇方面的问题，讲高不现实，讲低也不会让你吃亏。当然，对于一些内部控制不太完善的公司，当问及薪资待遇时，你可以说出一个比较合理的薪资待遇水平，供对方参考，千万不要在一点小数上与对方讨价还价。一些招聘单位在面试时会主动问：你期望的薪酬大约是多少？此时，你可以退为进提出反问：我愿意接受贵公司的薪酬标准，不知按规定这个岗位的薪酬标准是多少？这样，你不但没有露出自己的底，反而可能摸清了对方的底。

(8) 面试完，说好最后一句话也很重要。面试结束临走前，要礼貌地表示感谢，更要反复强调自己对这份工作的渴望及能够胜任的信心。比如说："非常感谢您给我的指点，希望有机会多多向您学习，也希望有机会为贵公司效力，如能被聘用我定会努力工作，请多考虑我的情况，希望得到好消息，再见！"这就很得体、大方。

5. 暂时找不到工作怎么办

有些农民工在到达务工的地点之后，有可能会遇到暂时找不到工作的情况。当然造成这种情况的原因是多种多样的，例如，有些农民工在进城前就没有做好充分的准备，事先没有很好地了解务工地的就业信息，没有确定有意向的务工单位，盲目地进城；有些即使是确定了有意向的务工单位，但由于务工单位招工人员已满或是务工单位发生变更而导致暂时无法找到工作；也有些农民工是由于在劳动力市场应聘失败而造成的。面对这样的情况，农民工朋友千万不要失去信心，不要不知所措，而是要冷静下来，处理好当前应做的事情，相信自己只要经过努力总会找到工作的。

对于暂时找不到合适的工作的农民工来说当务之急是要找个

合适的落脚点，安排好自己的住宿。先要看一看自己带了多少钱，算一算除去回程的车票费用外还能够在城里停留几天。冷静地想一想在务工地有没有能给你提供落脚点的亲朋好友，如果有的话，可以跟他们联系，在亲朋好友那里落脚不仅能够给你提供安全的住宿条件，还可以为你节省不少的生活费，更可以求助他们帮你寻找合适的务工渠道，可谓是一举多得。万一在务工地没有亲朋好友的话，你可以选择一家招待所作为你的落脚点（在城镇，招待所的花费相对于宾馆要便宜得多）。不过在选择招待所时，一定要选择那些正规的（尽量选择那些由企事业、机关单位设立的或是规模大一点的招待所），并且要对相关的费用进行了解，看一看自己能否承担，能承担多久，千万不要“透支”，要留有余地，以备返乡之用。万一自己带的钱不够，负担不起生活费或是路费，千万不要露宿街头，这是非常危险的。这时你可以向当地的收容遣送站（救助管理站）进行求助，千万不可因此而从事一些违法乱纪的工作。

在安排好住宿后，不要想着立即打道回府（如果所携带的钱足够），而要冷静地分析自己找不到工作的原因，以积极的态度寻找新的工作机会。分析一下自己所要找的工作是不是期望值太高或职业太热门，不切实际地确定了过高的标准，如果是这样的话你就得降低一下你的求职标准；分析一下自己是不是没有充分了解就业信息，如果是的话，就该到当地的劳动力市场或是用人单位多看看，多了解一些就业信息，积极地自我推荐；分析一下你预期的职业范围是不是太窄了，如果是的话，你应该拓宽一下你的求职范围，不要过于考虑自己原有的手艺，你如果一时找不到发挥自己专长的工作，先做些别的工作也可以。先找份工作，安定下来，以后再找机会从事能发挥自己专长的工作。当然，如果在务工地有亲朋好友的话，尽可能地通过他们去寻找工作，因为他们比你更了解当地的用人信息。

如何选择职业介绍机构

进城务工，人生地不熟，要想知道招工信息，绝大多数人会选择去职业介绍机构，职业介绍机构分为非营利性职业介绍机构和营利性职业介绍机构，各级劳动保障部门举办的公共职业介绍机构，是承担公共就业服务职能的公益性服务机构，免费为求职者提供服务。

在这里提醒广大进城务工朋友，去职业介绍机构可千万别走错门儿、进了劳务“黑市场”。

1. 职业介绍机构有哪几类，它们各是什么性质的机构

职业介绍机构分为非营利性职业介绍机构和营利性职业介绍机构，其中非营利性职业介绍机构包括公共职业介绍机构和其他非营利性职业介绍机构。

公共职业介绍机构，是指各级劳动保障行政部门举办，承担公共就业服务职能的公益性服务机构。公共职业介绍机构使用全国统一标识。

其他非营利性职业介绍机构，是指由劳动保障行政部门以外的其他政府部门、企事业单位、社会团体和其他社会力量举办，

从事非营利性职业介绍活动的服务机构。

营利性职业介绍机构，是指由法人、其他组织和公民个人举办，从事营利性职业介绍活动的服务机构。

后两类职业介绍机构需经县级以上的劳动保障主管部门审批并发放职业介绍许可证。

2. 职业介绍机构可以从事哪些业务

职业介绍机构从事下列业务：为求职者介绍用人单位；为用人单位和居民家庭推荐求职者；开展职业指导、咨询服务；收集和发布职业供求信息；根据国家有关规定，从事互联网职业信息服务；经劳动保障行政部门批准，组织职业招聘洽谈会；具备相应资格的，从事劳动力跨省流动就业中介服务；经劳动保障行政部门核准的其他服务项目。

3. 职业介绍所（中心）能提供什么样的帮助

职业介绍所不仅负责介绍工作，还负责求职咨询和技能培训，开展对求职者素质的测试和评价工作，帮助他们了解职业状况及求职办法。如果你不知道如何寻找工作，你可以到各级政府部门举办的职业介绍所（中心）寻求帮助。这些机构一般会有专业人员向你提供求职指导、职业选择、职业能力等多方面的咨询服务。

4. 哪些人可以到职业介绍机构求职

根据2000年劳动和社会保障部发布的《劳动力市场管理规定》的有关条款，劳动者年满16周岁，有劳动能力且有就业愿望，符合法律规定条件，可凭本人身份证和接受教育、培训的相关证明，通过职业介绍机构介绍或直接联系用人单位等渠道求职。

5. 劳动力市场是什么

劳动力市场是劳动管理部门筹建的紧密围绕全社会劳动者和用工者的相互选择进行运作的场所，是在劳动力管理和就业领域中，按照市场规律，自觉运用市场机制调节劳动力供求关系，对劳动力的流动进行合理引导，从而实现对劳动力的合理配置的机构。

目前，我国劳动力市场主要由如下几个方面构成：

（1）各级人事部门组织的人才交流中心。

（2）各类民办的人才交流中心。

（3）各级劳动部门开办的职业介绍所。

（4）各类民办的职业介绍所。

（5）政府有关部门举办的各种劳动力供需交流会。

（6）社区劳动服务部门。

（7）专门的职业介绍网站。

劳动力市场的主要职能如下：

（1）贯彻、执行国家劳动就业政策、法律及法规。

（2）办理求职登记，对用工单位进行用工调查和登记。

（3）为用工单位提供劳动力资源信息，推荐合格的劳动者，介绍临时性劳务人员，并对用工单位进行指导、咨询。

（4）为城乡求职人员提供用工信息，进行职业指导、咨询和介绍工作单位。

（5）组织劳务协作和跨地区的劳务交流。

（6）为从事职业培训的单位提供职业需求信息，推荐需要培训的人员。

6. 怎样到劳动力市场求职

农民工如何通过劳动力中介机构（劳动力市场）找到一份如意的工作呢?

首先，选择一家好的劳动力市场，最好到那些政府有关部门设立的职业中介机构、人才服务机构或有信誉的民办职业介绍机构、人才服务机构求职，这些机构服务周到、信誉高、功能全、收费低，有些机构还是公益性质的，免费提供职业介绍、职业指导服务。如果是到其他中介机构求职，你要先看一下该机构有没有经营许可证（政府有关行政部门规定经营职业介绍、人才交流的中介机构应把许可证挂在经营场所的显眼处），是否有规定的收费标准，是否有固定的工作场所。除此之外，你还得了解一下招聘单位，看招聘单位是否办理了合法的招聘手续，搞清楚用人单位的性质、法人、用工形式、用工时间、工资待遇等是否符合社会标准。总之，在求职过程中要谨慎。

其次，在选定好劳动力市场后，求职者须持身份证、学历证书、专业技术等级证书、职业资格证书、失业证或相关证件、近照一张到劳动力市场应聘（上述证件因人而异，并不是每个人都应持有上述全部证件）。求职者进入劳动力市场应聘，可通过大厅的信息服务系统了解相关招聘信息，并到求职登记窗口进行针对性咨询、报名，并领取“求职登记表”，如实、详细地进行填写。

最后，求职者凭劳动力市场开出的介绍信到用人单位面试、应聘。

注意事项：在求职中万一遇到非法中介或上当受骗，你要及时向当地的劳动部门或人才市场管理部门投诉，也可以到公安机关举报，到工商管理部门反映，以保护自身利益。

7. 劳动力市场能提供什么样的帮助

劳动力市场是各级政府部门设立的，专门进行公开劳务交易的场所。劳动力市场是完全开放的，什么人都可以到劳动力市场寻找劳务工作。在劳动力市场，你可以了解打工信息，特别是了解各类工种的招工条件和要求。通过对比自身条件，你可决定选择尝试应聘何种工作。另外，通过劳动力市场你还可以检验自己寻找工作的能力，如果屡遭拒绝，你就不得不自问：是我的素质不够，还是自己找工作的技巧太差？如果是前一种情况，你需要通过学习和培训努力提高自身素质；如果是后种情况，你需要征求同伴或其他人的意见，学习别人的经验，更好地“推销”自己。

求职应避免哪些陷阱

当前，由于我国的劳动力市场还不十分健全，管理制度还不完善，因此一些职业中介机构和一些企业采取五花八门的欺骗手段，坑害求职者，从中牟取非法所得。

1. 如何对待城市中的各种招聘信息

刚刚进入城市的务工者们可能都会觉得很茫然：这么大的城市怎么去找工作？其实，现代城市社会是个典型的信息社会，每时每刻都在为你提供着用人单位五花八门的招聘信息。除了电视、广播、报刊等大众传播媒介向我们传递各种各样的就业信息外，眼花缭乱的招聘会、劳动力供需见面会也为我们提供各种就业信息。除此之外，各种职业介绍机构、劳动中介机构也以各自的形式向人们提供各类就业信息。面对大量信息，如何处理和甄别这些信息就成了有效利用就业信息的一个重要环节。因为杂乱无章的信息是无助于顺利获得职业的。那么，如何对待这些信息呢？

首先，要对得到的各类信息进行分类整理，明确各类信息机构的服务对象和对你所能提供的帮助。面对大学生、研究生的供需见面会，显然不适合进城务工的农村青年，以家政服务为主要内容的劳动力市场也只适合女性务工者，等等。经过分类比较要把那些不适合你的信息剔除，然后把剩余的有用的就业信息按一定顺序排列。

其次，要甄别各类就业信息的价值和可信性。一般来说，报刊、广播、电视提供的就业和用人的信息是真实的，但也要防止就业信息中的陷阱。要甄别信息的价值重要的是要看发布信息的机构是否是正规的，所发布的内容是否详细，有无时间限制，对应聘者的要求是否明确等。有些广告，为了敛财，发布含糊其辞的广告，让报名者邮寄报名费，结果往往是石沉大海。对于此类就业信息，一定要提高警惕，更不能轻易相信街头散发或张贴于墙壁上的小广告。

就业信息是找工作的基础，你掌握的信息越广泛，信息质量越高，就越有适应城市就业和生活的主动权。因此，就业信息的收集要全面、系统，要注意信息的变化，要提高信息的鉴别能力，这无论是对初次进城就业还是已经就业需要转换职业的人都是十分重要的。

2. 常见的职业陷阱

下面我们介绍几种常见的求职陷阱：

陷阱一：非法中介。当今社会，职业的竞争异常激烈，为了能找到一份理想的工作，不少人都把职业中介机构作为寻找就业岗位的重要途径。大大小小的职业中介机构也是如雨后春笋般地出现了。一些职业中介机构为了牟取暴利，在职业中介市场设置了许多的陷阱，扰乱了人才市场的正常秩序，也带来了一系列社会问题，许多求职者深受其害。有些不法者打着职业介绍所的幌子，以介绍工作为由，虚编就业信息，骗取钱财。有些就业者在交了介绍费后，工作人员给他开个介绍信，让他带上证件去找单位，不是所介绍的单位不存在，就是条件太苛刻、工资太低让人无法接受。

陷阱二：无限期的试用期。一些不法者为了给打工者少付工资，便一直在试用期内用人。工人招来后，有的是骗你安心工作，并口头承诺如何如何，却见不到片纸只字；有的谎称国家规定试用期半年以上（实际国家规定的试用期仅 1～6 个月）；有的会同你签一个虚假合同。不管采用何种手段，结果通常是在用工过程中找个茬儿将你辞退，让你白白地充当他的廉价劳动力。

陷阱三：挂羊头卖狗肉。这是一些非法企业常用的伎俩，通常他们都会给自己所招聘的职业取一个合法的名称，但是只要你一上当，他们马上会逼迫你从事非法职业。如有些名义上是招服务员，实际上是搞“三陪”。有些不法分子以酒店、宾馆招服务员为名，将一些女青年骗去后强迫她们做“三陪小姐”。还有一些销售公司常年通过广告招聘营销人才，实际上是利用招聘媒介作广告宣传，还有些则是大量招聘所谓“储备干部”，实则是当作工资成本低廉的业务员来使用。因此，对于一些青年农民工朋友，特别是女性朋友来说一定要提高警惕性，不要给不法分子以可乘之机。

陷阱四：扣压证件。有些用工单位常要打工者交出身份证、毕业证等证件。只要证件一到手，主动权就在他们手中，结果用人单位迫使你接受各种不平等的待遇，诸如克扣工资、奖金，非法延长上班时间等，而受害者由于证件在他手上，只能忍气吞声，进退两难。

陷阱五：有些“皮包”公司专以骗取报名费为目的，他们招工时把公司情况吹得天花乱坠，让你交纳一定的报名费之后才能带你去上班，可到公司后还要收取种种费用，等你交完费后，马上就辞退你。

陷阱六：高薪诱惑。一些非正规职业介绍所得以生存的重要手段是利用高薪诱惑农民工，比如普通的押运员工作，他们承诺的月收入都在1 500～2 000元，这显然严重脱离实际，然而非正规职业介绍所利用此法行骗仍然屡屡成功。求职者在求职前最好是先对本职业的行情作一些简单的了解，避免受骗。

3. 为什么不能到劳务“黑市场”找工作

《劳动力市场管理规定》规定，职业介绍机构分为各级劳动保障行政部门举办的公共职业介绍机构、其他非营利性职业介绍机构、营利性职业介绍机构。开办职业介绍机构或其他机构开展职业介绍活动，须经劳动保障行政部门批准。其中，属于事业单位的，还应到机构编制管理机关办理事业单位登记或备案；属于民办非企业单位的，应到民政部门办理民办非企业单位登记；属于营利性职业介绍机构的，应到工商行政管理机关办理企业登记注册。职业介绍机构应当在服务场所明示合法证照、批准证书、服务项目、收费标准、监督机关名称和监督电话等。农民工到职业介绍机构求职时，应注意观察该机构是否有合法证照、批准证书，不要在没有合法证照、批准证书的非法职业介绍机构求职。

《劳动力市场管理规定》规定，禁止职业介绍机构有下列行为：（1）超出核准的业务范围经营；（2）提供虚假信息；（3）超标准收费；（4）介绍求职者从事法律、法规禁止从事的职业；（5）为无合法证照的用人单位或者无合法身份证件的求职者进行职业介绍服务活动；（6）以暴力、胁迫、欺诈等方式进行职业介绍等活动；（7）伪造、涂改、转让批准文件；（8）以职业介绍为名牟取不正当利益或进行其他违法活动。职业介绍机构违反上述规定的，由劳动保障行政部门责令改正，并可处以 1 万元以下罚款；有违法所得的，可处以不超过违法所得 3 倍的罚款，但最高不超过 3 万元；情节严重的，提请工商部门吊销其营业执照，或提请原登记管理机关办理撤销登记；对当事人造成损害的，应承担赔偿责任。

进入城市打工，人生地不熟，要想知道招工信息，自然有绝大多数农民朋友选择去劳务市场。这种做法是非常正确的，但去劳务市场找工作可千万别走错门儿，进了劳务“黑市场”。劳务“黑市场”就是少数居心叵测的人，打着介绍工作的招牌浑水摸鱼，骗他人上当的一些非法组织机构。“黑市场”骗人的手段是多种多样的，有的是为了骗钱，以介绍工作为由，利用农民工初到城镇务工经验不足的弱点，收取高昂的介绍费，而转眼间又不承认，蛮不讲理。有一些就业机构在收取介绍费之后，煞有介事地给你介绍一份工作，但这些工作要么待遇极低，要么条件特差，根本就不是务工者所要求的工作，事实上仍然是一种行骗方式。

有些人是为了骗取劳动，在没有签订任何有效合同的情况下，将务工者骗回来，从事艰苦的体力劳动，到头来只付非常低的工资，有的甚至根本不给报酬。还有些人利用介绍工作为名骗财、骗色甚至从事拐卖人口等犯罪活动，酿成一幕幕悲剧。

这些“黑市场”都属于非法组织，没有正规经营手续，一旦与这些“黑市场”发生纠纷，由于缺少法律依据，将很难得到法律的保护。因此，找工作一定不要到这些“黑市场”，谨防上当。

4. 怎样才能避免落入黑职介陷阱

求职者怎样才能避免落入黑职介陷阱呢？我们建议广大求职者首先要从自身做起，在求职过程中一定要提高警惕，多学一些与务工相关的法律、法规，多掌握一些防范技能。下面我们向你介绍几种常用的方法。

（1）要到“三证”齐全的职业介绍所。到职业介绍机构时，首先要看其是否有职业介绍许可证、营业执照、收费许可证，而且这些证件必须要上墙公示。正规的职业介绍机构都有工商部门颁发的营业执照，劳动部门颁发的职业介绍许可证以及物价部门颁发的收费许可证，并且在广告的开头刊登有职业介绍许可证编号并伴有公司简介。正规职介通常信息分类清楚，工作人员对用人单位情况也比较熟悉，而非法职业介绍所往往一问三不知。正规的职业介绍机构公布的招聘信息非常规范，尤其工资待遇比较合理，而非法职业介绍所经常利用高薪诱惑求职者，一个很普通的职业，动辄月薪数千元，这显然是不合常理的。

（2）不要轻易交纳任何费用。非法职业中介的目的，就是收费。目前，非法职业中介收费名目繁多，包括报名费、体检费、带路费、资料费、押金等。正规职业场所的服务项目和收费标准皆张榜公布，查询信息费为每人 10 元，并且是介绍成功后向用人单位收取。凡是求职前就收取费用的，肯定是非法中介，求职者不要随便交纳，而且有权拒绝各种不合理收费。

（3）对于职业介绍机构所提供的就业信息，求职者一定要详细了解招聘单位的情况以及招聘岗位的要求、待遇等。如果职业介绍所工作人员不能详细答复招聘单位的具体情况，他所提供的信息很可能是虚假信息。此外，还要注意向职业介绍机构索要缴费凭证。若求职者在职业中介机构上当受骗，要及时向当地劳动监察部门投诉，以维护自己的合法权益。

（4）与用人单位一定要签订劳动合同。劳动合同是招聘方与应聘方建立劳动关系、维护各自权利的法律依据。许多进城来的农民工由于缺乏法律知识，盲目地相信对方的口头承诺，因此没有与对方签订劳动合同，最终不是用人单位肆意拖欠工资，就是被无辜地辞退，即使是因工受伤也被一推了之。

第六章　强化职业防护和维权意识

1. 农民工享有哪些基本权利和义务

根据我国《劳动法》第三条的规定，劳动者享有以下权利：

（1）平等就业和选择职业的权利。平等就业权是指劳动者在就业方面一律平等，不因民族、种族、性别、宗教信仰不同而受歧视。选择职业权是指劳动者在就业时，有权根据自己的兴趣和愿望来选择职业，不受外在力量的强迫。

（2）取得劳动报酬的权利。

（3）休息休假的权利。

（4）获得劳动安全卫生保护的权利。

（5）接受职业技能培训的权利。

（6）享受社会保险和福利的权利。

（7）提请劳动争议处理的权利。

（8）法律规定的其他劳动权利，如组织和参加工会的权利等。

除了享有以上各项权利外，农民工还应当履行以下基本义务：

（1）遵守国家计划生育政策。

（2）遵守国家法律法规和城市管理条例。

（3）维护公共秩序，遵守社会公德。

（4）爱护公共财产，维护国家利益。

（5）依法纳税。

2. 常见的侵犯农民工合法权益的现象有哪些

从近些年的劳动争议案件来看，农民工权益受到侵犯主要集中在以下几个方面：

（1）用人单位克扣或无故拖欠工资。

（2）强行加班加点，却不付给延长工作时间的工资报酬。

（3）用人单位没有为农民工配备必要的劳动防护用具和劳动保护设施。

（4）女工和未成年工得不到特殊劳动保护。

（5）农民工患职业病、因工受伤、致残甚至死亡后，用人单位逃避责任。

（6）用人单位的内部规章制度与国家法律法规相冲突。

（7）用人单位收取抵押金，扣押农民工有效证件。

（8）随意辞退或开除农民工等。

3. 怎样避免自己的合法权益受到侵犯

首先，要有法律意识，学会用法律来协调人与人之间的关系。农民工尤其应该了解一些跟务工密切相关的法律知识，例如《劳动法》、《合同法》等。这样才能清楚地了解应享有的权利和应承担的义务，用人单位侵犯务工者合法权益后应承担的法律责任，如何处理劳动争议等内容。

避免自己合法权益受到侵犯的另一个重要措施就是签订劳动合同。务工者应当按照劳动合同的必备条款与用人单位进行仔细协商，避免可能侵犯自己正当利益的条款，并兼顾双方利益。合同签订后要妥善保存，防止损坏和丢失。当自己的合法权益受到侵犯时，千万不能意气用事，也不要忍气吞声，要积极与用人单位协商解决问题，协商不成再通过仲裁以至法律手段保护自己的正当权益。

4. 为什么要签订劳动合同

在找到工作建立劳动关系后，必须签订劳动合同。劳动合同是劳动者与用人单位确立劳动关系、明确双方权利和义务的协议。劳动合同有三个方面的作用：

（1）保护劳动者和用人单位双方的合法权益。

（2）明确劳动者与用人单位之间的雇用关系。

（3）避免和减少发生劳动争议，在发生劳动争议时劳动合同是有效的依据。

值得注意的是，订立和变更劳动合同，应遵循平等自愿、协商一致的原则，不得违反法律、行政法规的规定。

5. 劳动合同应包括哪些内容

劳动合同必须明确约定劳动合同期限、工作内容、劳动保护和劳动条件、劳动报酬、劳动纪律、劳动合同终止的条件、违反劳动合同的责任等条款。劳动合同的内容除以上必备条款外，双方当事人还可以在法律、法规允许的范围之内，协商约定其他内容作为劳动合同的补充条款，如试用期限、商业秘密的保护和补充保险、福利待遇等。基本养老保险、失业保险、基本医疗保险、工伤保险和生育保险是国家强制实施的，任何用人单位都得参加，因此，不必在劳动合同中另行约定。

补充条款也叫作约定条款，是双方当事人在签订合同时互相商量定下的条款。补充条款是法律赋予双方当事人的自由权利，但是，补充条款的约定不能与国家的法律法规相抵触，不能危害国家、其他组织或个人的权益。

6. 用人单位不签订劳动合同怎么办

如果用人单位没有与农民工签订劳动合同，农民工应当主动提出签订劳动合同的要求。

（1）直接向用人单位提出签订劳动合同的要求。

（2）如果用人单位有工会组织，农民工也可以向工会反映情况，请工会出面向用人单位提出要求。

（3）如果用人单位执意不肯签订劳动合同，农民工可以向用人单位所在地的劳动保障监察机构反映情况，由劳动保障监察机构督促用人单位与农民工签订劳动合同。

很多农民工到用人单位时没有签订劳动合同，但是农民工与用人单位之间还是存在事实上的劳动关系。在工作过程中，如果农民工的正当权益受到侵害，仍然有权向用人单位索取赔偿。

7. 在劳动合同中可以约定多长时间的试用期

劳动合同可以约定试用期，但试用期最长不得超过 6 个月。劳动合同期限在 6 个月以下的，试用期不得超过 15 日；劳动合同期限在 6 个月以上 1 年以下的，试用期不得超过 30 日；劳动合同期限在1年以上2年以下的，试用期不得超过60日。试用期包括在劳动合同期限中。

8. 订立劳动合同时，用人单位能否向农民工收取定金、保证金或扣留居民身份证

国家明令禁止用人单位招用人员时向求职者收取招聘费用，向被录用人员收取保证金或抵押金，扣押被录用人员的身份证等证件。因此提醒农民工，一旦用人单位有这种违法行为时，应及时向当地劳动保障监察机构举报。

9. 什么情况下用人单位可以解除劳动合同

（1）协商解除。经劳动合同当事人协商一致，劳动合同可以解除。

（2）用人单位单方解除。劳动者有下列情形之一的，用人单位可以解除劳动合同：第一，在试用期间被证明不符合录用条件的；第二，严重违反劳动纪律或者用人单位规章制度的；第三，严重失职，营私舞弊，对用人单位利益造成重大损害的；第四，被依法追究刑事责任的。

（3）劳动者有下列情形之一的，用人单位不得解除劳动合同：第一，劳动者患职业病或者因工负伤并被确认丧失或者部分丧失劳动能力的；第二，劳动者患病或者负伤，在规定的医疗期内的；第三，女职工在孕期、产期、哺乳期内的；第四，法律、行政法规规定的其他情形。

10. 劳动者在哪些情况下可以解除劳动合同

（1）劳动者和用人单位协商一致可以在任何情况下解除劳动合同。

（2）劳动者也可以单方面解除劳动合同，应当提前30天以书面形式通知用人单位，届时用人单位应及时办理有关解除劳动合同的手续。

（3）下列情况下，劳动者可以随时通知用人单位解除劳动合同：①在试用期内的；②用人单位以暴力、威胁或者非法限制人身自由的手段强迫劳动的；③用人单位未按照劳动合同约定支付劳动报酬或者提供劳动条件的。

11. 用人单位可以裁减人员吗？裁减人员要经过哪些程序

用人单位裁减人员也是解除劳动合同的一种情况，要裁减人员也应该符合法律规定。

农民工如果遇到用人单位裁减人员的情况，需要了解裁减人员的程序。根据原劳动部《企业经济性裁减人员规定》，用人单位裁减人员必须遵循的法定程序如下：

（1）提前30日向工会或者全体职工说明情况，并提供有关生产经营状况的资料。

（2）提出裁减人员方案，包括被裁减人员的名单、裁减时间及实施步骤，符合法律、行政法规规定的和集体合同约定的被裁减人员的经济补偿办法。

（3）将裁减人员方案征求工会或者全体职工的意见，并对方案进行修改和完善。

（4）向当地劳动保障行政部门报告裁减人员方案以及工会或全体职工的意见，并听取劳动保障行政部门的意见。

（5）由用人单位正式公布裁减人员方案，与被裁减人员办理解除劳动合同手续，按照有关规定向被裁减人员本人支付经济补偿金，出具裁减人员证明书。

12. 哪些情况下解除劳动合同可以获得经济补偿

根据《违反和解除劳动合同的经济补偿办法》，在以下情况下解除劳动合同，用人单位需要付给经济补偿。

（1）经双方当事人协商一致，由用人单位解除劳动合同的。

（2）劳动者患病或者因工负伤，医疗期满后，不能从事原工作，也不能从事用人单位另行安排的工作的。

（3）劳动者不能胜任工作，经过培训或者经过调整工作岗位仍不能胜任工作的。

（4）劳动合同订立时所依据的客观情况发生重大变化，致使原来的劳动合同无法履行，经当事人协商不能就变更劳动合同达成协议解除劳动合同的。

（5）用人单位濒临破产时进行法定整顿期间或者生产经营状况发生严重困难，必须裁减人员的。

13. 经济补偿金的计算标准是什么

用人单位解除劳动合同给予劳动者的经济补偿金，应当一次性发给。用人单位给予劳动者的经济补偿的工资计算标准是企业正常生产情况下，劳动者解除合同前 12 个月的月平均工资。因劳动者患病或者非因工负伤，因劳动合同订立时所依据的客观情况发生重大变化和经济性裁减人员而解除劳动合同的，给予经济补偿金的劳动者月平均工资低于企业月平均工资的，应按企业月平均工资支付。

在月平均工资的基础上，乘以劳动者在企业的工作年限，即为经济补偿金总额，但工作年限计算上最长不得超过十年。

14. 什么情况下，劳动合同期满用人单位也不得终止劳动合同

符合下列条件之一的，即使劳动合同期满，用人单位也不得终止劳动合同：

（1）劳动合同期限届满，劳动者尚处在医疗期、孕期、产期和哺乳期内的。在这种情况下，劳动合同应延续至劳动者医疗期、孕期、产期和哺乳期期满时终止。

（2）劳动者因工伤完全丧失劳动能力或大部分丧失劳动能力的。职工因工致残被鉴定为一级至四级伤残的，保留劳动关系，退出工作岗位，享受有关伤残待遇。职工因工致残被鉴定为五级、六级伤残的，保留与用人单位的劳动关系，由用人单位安排适当工作；难以安排工作的，由用人单位按月发给伤残津贴；不过，经工伤职工本人提出，该职工可以与用人单位解除或者终止劳动关系，由用人单位支付一次性工伤医疗补助金和伤残就业补助金。

15. 终止和解除劳动合同应履行什么手续

在劳动者履行了有关义务终止、解除劳动合同时，用人单位

应当出具终止、解除劳动合同证明书，作为该劳动者按规定享受失业保险待遇和失业登记、求职登记的凭证。证明书应写明劳动合同期限、终止或者解除日期、所担任的工作。如经劳动者要求，用人单位可在证明书中客观地说明解除劳动合同的原因。除此之外，还应履行其他的一些相关手续，如工资、经济补偿金的结算，工作、业务的交接和社会保险关系的接转，有债权债务关系的也要进行清理等。

16. 农民工在劳动合同期内不辞而别应承担什么责任

农民工违反规定或劳动合同的约定解除劳动合同，对用人单位造成损失的，农民工应赔偿用人单位的下列损失：

（1）用人单位招收录用其所支付的费用。

（2）用人单位为其支付的培训费用，双方另有约定的按约定办理。

（3）对生产、经营和工作造成的直接经济损失。

（4）劳动合同约定的其他赔偿费用。

17. 用人单位违反《劳动法》有关劳动合同的规定，如何承担赔偿责任

用人单位如有下列违反《劳动法》有关劳动合同的规定的情形应当对劳动者承担赔偿责任：

（1）造成劳动者工资收入损失的，按劳动者本人应得工资收入支付给劳动者，并加付应得工资收入25%的赔偿费用。

（2）造成劳动者劳动保护待遇损失的，应按国家规定补足

劳动者的劳动保护津贴和用品。

（3）造成劳动者工伤、医疗待遇损失的，除按国家规定为劳动者提供工伤、医疗待遇外，还应支付劳动者相当于医疗费用25%的赔偿费用。

（4）造成女职工和未成年工身体健康损害的，除按国家规定提供治疗期间的医疗待遇外，还应支付相当于其医疗费用25%的赔偿费用。

（5）劳动合同约定的其他赔偿费用。

18. 国家规定的工时制度有哪些

（1）标准工时制。劳动者每日工作不超过8小时，每周工作不超过40小时。

（2）综合计算工时制。这是针对因工作性质特殊，需连续作业或受季节及自然条件限制的企业部分职工，采用的以周、月、季、年等为周期综合计算工作时间的一种工时制度。在综合计算工作时间周期内，平均日工作时间和平均周工作时间应与法定标准工作时间基本相同。

（3）不定时工作制。这是针对因生产特点、工作特殊需要或职责范围的关系，无法按标准工作时间衡量或需要机动作业的职工所采用的一种工时制度。经批准实行不定时工作制的职工，用人单位应采用弹性工作时间等适当的工作和休息方式，确保职工的休息休假权利和生产、工作任务的完成。

19. 农民工延长工作后应该获得多少工资报酬

按照法律法规的规定，加班的报酬应该这样计算：

（1）安排劳动者延长工作时间的，支付不低于工资的150%的工资报酬。

（2）休息日安排劳动者工作又不能安排补休的，支付不低于工资的200%的工资报酬。

（3）法定休假日安排劳动者工作的，支付不低于工资的300%的工资报酬。

按照国家最新规定：5月1日，10月1、2、3日，清明节，端午节，中秋节，元旦，农历除夕及大年初一、初二这11天是国家法定休息日。

20. 什么是“克扣”工资

“克扣”工资指用人单位对履行了劳动合同规定的义务和责任，保质保量完成生产工作任务的劳动者，无正当理由扣减劳动者应得工资（即在劳动者已提供正常劳动的前提下用人单位按劳动合同规定的标准应当支付给劳动者的全部劳动报酬），但不包括以下几种减发工资的情况：

（1）国家的法律、法规中有明确规定的；

（2）依法签订的劳动合同中有明确规定的；

（3）用人单位依法制定并经职代会批准的厂规、厂纪中有明确规定的；

（4）企业工资总额与经济效益相联系，经济效益下浮时，工资必须下浮的；

（5）因劳动者请事假等相应减发工资等。

21. 什么是“无故拖欠”工资

“无故拖欠”指用人单位无正当理由在规定时间内故意不支付劳动者工资，但下列情况不属于“无故拖欠”工资：

（1）用人单位遇到非人力所能抗拒的自然灾害、战争等原因，无法按时支付工资；

（2）用人单位因生产经营困难、资金周转受到影响，在征得本单位工会同意后，可暂时延期支付劳动者工资。

22. 农民工在劳动保护方面有哪些权利和义务

劳动保护是保护劳动者在生产过程中的安全与健康，包括劳动安全和劳动卫生两个方面。

劳动安全是指在生产劳动过程中，防止中毒、车祸、触电、塌陷、爆炸、火灾、坠落、机械外伤等危及劳动者人身安全的事故发生。

劳动卫生是指对劳动过程中的不良劳动条件和各种有毒有害物质的防范，或者是防范职业病的发生。

按照《劳动法》的规定，用人单位必须建立、健全劳动安全卫生制度，对劳动者进行劳动安全卫生教育，防止事故，减少职业危害；为劳动者提供符合国家规定的劳动安全卫生条件和必要的劳动防护用品，对从事有职业危害作业的劳动者进行专门培训。

因此，为了保证自己的生命和健康，农民工如果发现用人单位没有采取相应的保护措施，那么就有权拒绝工作。同时，农民工也应该严格遵守安全生产的规章制度，从“防止事故”做起，为自己的生命健康负责。

23. 女工不宜从事哪些工作

当前我国农村外出的女性务工人员越来越多，由于女性特殊的生理特点，国家规定妇女享有特殊劳动保护的权利。

女工不允许从事的劳动范围包括：

（1）矿山井下作业；

（2）森林业伐木、归楞及流放作业；

（3）《体力劳动强度分级》标准中第四级体力劳动强度的作业，指比较重的体力劳动；

（4）建筑业脚手架的组装和拆除作业，以及电力、电信行业的高处架线作业；

（5）连续负重（指每小时负重次数在6次以上），每次负重超过20千克，间断负重超过25千克的作业。

因此，如果用人单位要求女工从事以上工作，女工要懂得拒绝，千万不要冒着损害健康的危险去工作。

24. 未成年工的特殊劳动保护有哪些内容

未成年工是指年满16周岁不满18周岁的劳动者。由于未成年工的身体还没有完全发育成熟，从事某些工作会危害生长发育和身体健康。

因此，国家对未成年人就业做出了一些保护性的规定，主要包括：

（1）用人单位不得安排从事矿山井下及有毒有害的工作；

（2）不得安排从事重体力劳动；

（3）不得安排从事其他禁忌从事的劳动，包括森林业伐木、归楞及流放作业、高空作业、放射性物质超标的作业以及其他会影响生长发育的作业；

（4）要对未成年工定期进行健康检查。

25. 农民工有权参加工伤保险吗

根据《工伤保险条例》的规定，工伤保险的适用范围包括中国境内各类企业、有雇工的个体工商户以及这些用人单位的全部职工或者雇工。所以，这些单位的农民工也应当参加工伤保险。值得注意的是，劳动者参加工伤保险，本人无须缴纳工伤保险费。

26. 哪些情况下属于工伤

有下列情形之一的，应当认定为工伤：

（1）在工作时间和工作场所内，因工作原因受到事故伤害的；

（2）工作时间前后在工作场所内，从事与工作有关的预备性或者收尾性工作受到事故伤害的；

（3）在工作时间和工作场所内，因履行工作职责受到暴力等意外伤害的；

（4）患职业病的；

（5）因工外出期间，由于工作原因受到伤害或者发生事故下落不明的；

（6）在上下班途中，受到机动车事故伤害的；

（7）法律、行政法规规定应当认定为工伤的其他情形。

同时，职工有下列情形之一的，视同工伤：

（1）在工作时间和工作岗位，突发疾病死亡或者在48小时之内经抢救无效死亡的；

（2）在抢险救灾等维护国家利益、公共利益活动中受到伤害的；

（3）职工原在军队服役，因战、因公负伤致残，已取得革命伤残军人证，到用人单位后旧伤复发的。

27. 哪些情形不能认定为工伤

下列情形不能认定为工伤或者视同工伤：

（1）因犯罪或者违反治安管理伤亡的；

（2）醉酒导致伤亡的；

（3）自残或者自杀的。

28. 工伤认定的申请时限为多长？哪些人可以提出工伤认定申请

农民工发生事故伤害或者按照职业病防治法规定被诊断、鉴定为职业病，所在单位应当自事故伤害发生之日或者被诊断、鉴定为职业病之日起30日内，向统筹地区劳动保障行政部门提出工伤认定申请。遇有特殊情况，经报劳动保障行政部门同意，申请时限可以适当延长。用人单位未在规定的时限内提交工伤认定申请，在此期间发生符合本条例规定的工伤待遇等有关费用由该用人单位负担。

用人单位未按上述规定提出工伤认定申请的，工伤农民工或者其直系亲属、工会组织在事故伤害发生之日或者被诊断、鉴定为职业病之日起一年内，可以直接向用人单位所在地劳动保障行政部门提出工伤认定申请。

29. 用人单位未参加工伤保险的，工伤农民工的工伤待遇由谁支付

用人单位依照《工伤保险条例》规定应当参加工伤保险而未参加的，由劳动保障行政部门责令改正；未参加工伤保险期间用人单位职工发生工伤的，由该用人单位按照《工伤保险条例》规定的工伤保险待遇项目和标准支付费用。

30. 农民工权益受到用人单位或非法职业中介机构等侵害时，应如何维护自己的合法权益

农民工认为用人单位侵犯其劳动保障合法权益的，有权向劳动保障行政部门投诉。可以投诉的事项包括：

（1）用人单位违反录用和招聘职工规定的。如招用童工、收取风险抵押金、扣押身份证件等。

（2）用人单位违反有关劳动合同规定的。如拒不签订劳动合同、违法解除劳动合同、解除劳动合同后不按国家规定支付经济补偿金等。

（3）用人单位违反工作时间和休息休假规定的。如超时加班加点、强迫加班加点、不依法安排劳动者休假等。

（4）用人单位违反工资支付规定的。如克扣或无故拖欠工资、拒不支付加班加点工资、拒不遵守最低工资保障制度规定等。

（5）用人单位违反社会保险规定的。如不依法为农民工参

加社会保险和缴纳社会保险费，不依法支付工伤保险待遇等。

（6）未经工商部门登记的非法用工主体违反劳动保障法律法规，侵害农民工合法权益的。

（7）职业中介机构违反职业中介有关规定的。如提供虚假信息、违法乱收费等。

投诉应当由投诉人向劳动保障行政部门递交投诉文书。书写投诉文书确有困难的，可以口头投诉，由劳动保障监察机构进行笔录，并由投诉人签字。投诉文书应当载明下列事项：

①投诉人的姓名、性别、年龄、职业、工作单位、住所和联系方式，被投诉用人单位的名称、住所、法定代表人或者主要负责人的姓名、职务。

②劳动保障合法权益受到侵害的事实和投诉请求事项。

31. 如何向劳动保障行政部门举报用人单位违反劳动保障法律法规的行为

任何组织和个人对于违反劳动保障法律、法规的行为有权检举和控告。举报可以采取口述举报、电话举报、信函举报等形式。对符合下列条件的投诉，劳动保障行政部门应当在接到投诉之日起五个工作日内依法受理，并于受理之日立案查处：

（1）违反劳动保障法律的行为发生在两年内的；

（2）有明确的被投诉用人单位，且投诉人的合法权益受到侵害是被投诉用人单位违反劳动保障法律的行为所造成的；

（3）属于劳动保障监察职权范围并由受理投诉的劳动保障行政部门管辖。

对不符合规定受理范围的举报，告知举报人向有处理权的机关反映。举报人有权要求告知举报的受理和查处结果。劳动保障监察机构和监察员要保护举报人，为举报人保密。

32. 农民工与用人单位发生争议后，可通过哪些程序解决

农民工与用人单位发生劳动争议后，可按照以下几个程序解决：

（1）双方自行协商解决。当事人在自愿的基础上进行协商，达成协议。

（2）调解解决。不愿双方自行协商或达不成协议的，双方可自愿申请企业调解委员会调解，对调解达成的协议自觉履行。调解不成的可申请仲裁。当事人也可直接申请仲裁。

（3）仲裁解决。当事人一方或双方都可以向劳动争议仲裁委员会申请仲裁。仲裁庭应当先行调解，调解不成的，做出裁决。一方当事人不履行生效的仲裁调解书或裁决书的，另一方当事人可以申请人民法院强制执行。该程序是人民法院处理劳动争议的前置程序，也就是说，人民法院不直接受理没有经过仲裁程序的劳动争议案件。

（4）诉讼解决。当事人对仲裁裁决不服的，在规定的期限内，可以向基层人民法院起诉。人民法院按照民事诉讼程序进行审理，实行两审终审制。法院审判程序是劳动争议处理的最终程序。

33. 农民工在平时的工作中应注意保留哪些证据

农民工通过劳动保障监察、劳动争议仲裁、行政复议等法律

途径维护自身合法权益，或者申请工伤认定、职业病诊断与鉴定等，都需要提供证明自己主张或案件事实的证据。如果农民工不能提供有关证据，可能会影响自身权益。因此，农民工在平时的工作中，应该注意保留有关证据。主要的证据包括：

（1）来源于用人单位的证据，如与用人单位签订的劳动合同或者与用人单位存在事实劳动关系的证明材料、工资单，用人单位签订劳动合同时收取押金等的收条，用人单位解除或终止劳动关系通知书、出勤记录等；

（2）来源于其他主体的证据，如职业中介机构的收费单据；

（3）来源于有关社会机构的证据，如发生工伤或职业病后的医疗诊断证明或者职业病诊断证明书、职业病诊断鉴定书、向劳动保障行政部门寄出举报材料等的邮局回执；

（4）来源于劳动保障部门的证据，如劳动保障部门告知投诉受理结果或查处结果的通知书等。

另外，《工伤保险条例》第19条规定，职工或者其直系亲属认为是工伤，用人单位不认为是工伤的，由用人单位承担举证责任。《最高人民法院关于审理劳动争议案件适用法律若干问题的解释》（法释〔2001〕14号）第13条规定，因用人单位做出的开除、除名、辞退、解除劳动合同、减少劳动报酬、计算劳动者工作年限等决定而发生的劳动争议，用人单位负举证责任。

第七章　提高素质，加强立足大城市的根本

我们到城市打工，除了挣钱外，还应该有更广大的目标，通过几年的城市生活，能切实提高自身素质，让能力等有一个大的提高。一些打工者目标更远，希望通过自己年轻时的努力，日后能够立足大城市，最终也能像城市人一样安居乐业，在城市安享晚年生活。一般来说，要想成为一个真正的城里人，必需具备以下条件。

（1）要在城里有长期、稳定的工作。这是农民变成城里人的前提条件。只有在城里有长期稳定的工作，才能有稳定的收入和生活来源，才能在城市里长期待下去。

（2）要在城里有自己的住房。住房是构成“家”的基本物质前提。住房是自己的，就会很自然感觉到自己在城市“安家”了，才会有家的感觉。

（3）生活方式的改变。这种变化是随着职业和生活环境的变化而潜移默化地发生的。比如“日出而作、日落而息”要改变为按钟点上班下班；逢年过节的大吃大喝改变为周末的日常饮食改善；十天半月去赶集买货变成随时可以去逛商场；业余生活

打扑克搓麻将变为去公园、文化馆或者电影院等。

（4）思想观念的改变。外在的生活环境和生活方式的变化，与内在的思想观念的变化是相互影响的。要想成为一个真正的城里人，就要在思想观念上实现脱胎换骨的转变，在人生的发展、信仰、婚姻观念、伦理道德观念、公德意识、市场意识等方面都要有新的变化，相信科学，依靠法律维护自己的权益等，这样才能成为一个真正的城里人。

（5）户口的改变。户口的改变，仅仅是成为城里人的一种标志，但是在我国目前的户籍制度下，这种标志还是非常必要和重要的。

自学成才，提升素质

1. 怎么才能“自学成才”

年轻人的理想就是能够成才，而成才有两条基本道路：一是通过学校教育成才；二是通过刻苦钻研，自学成才。当然，走第一条路相对轻松一些，但并不是每个人都有机会，尤其是到城镇务工的朋友，往往是因为错失了这个机会而来务工的。走第二条路需要很大的勇气和毅力才能走到底，所以走第二条路的人并不多，但只要在这条路上坚定地走下去，往往成就会更高。

自学成才的方式有这样几种：

（1）在工厂里勤学苦干，注意观察和钻研，争取成为技术骨干。

（2）学习技术，积累资金，培养自己的经营管理能力，自己创办企业。

（3）发挥自己的业余爱好，成为专业的创作人员，如有人在音乐、书法、唱歌、写作等方面获得了发展，还有的成为了服装设计师和作家。

要做到自学成才，还必须抓住三点：

（1）立志成才，要“立长志”，坚定自己的志向，而不是“常立志”，一天一个想法，结果一事无成。

（2）要向着目标努力，在机会到来之前做好准备，因为机会只属于那些有准备的人。

（3）机遇可以等待，也可以寻找。只要努力、坚持，自学成才的道路一样也可以成功。

2. 获取文凭的 6 种途径

在外务工的农民朋友有些是高考的落榜生，有些是没有高中毕业，但有强烈的学习激情，他们都不甘于现状，想通过学习获得发展的“资本”——文凭或证书。如何获得这些“资本”，下面就为大家简单介绍几种渠道。

选择之一：普通高校

这需要参加 6 月份普通高校招生，就是一般意义上的高考。就目前的情况来说，普通高校录取比例已经超过了 60%，部分地区实际上已经超过了 80%。所以，对于文化基础较好的青年农民工朋友来说，稍微用点功，上大学也并非难事。需要提醒的是，上一些三四流学校，因为教学条件、师资力量薄弱，可能对很多人来说是浪费时间，将来毕业了，还是找不到工作，大家要慎重考虑。

选择之二：网络大学

所谓网络大学，是经教育部批准，依托于名校，以互联网为教学工具的现代远程教育模式。试点高校绝大多数为全国重点高校，这些高校通过网络教育学院进行独立招生，毕业后授予与统招生同等效力的文凭和学位证书，且证书不加注“远程教育”字样。网络大学解决了文凭的发放问题，只要修满教学计划规定的全部学分，成绩合格，毕业论文通过者，就颁发学校毕业证书，国家承认学历。符合有关条件（如通过英语四级，教学计划所设课程考试成绩平均75分以上以及毕业论文优良以上等），均可获得学士学位。

选择之三：成人高校

上成人高校一般要参加成人高考。从2004年开始，教育部对全国成人高校招生时间进行调整，实行“秋季考试，第二年春季入学”，调整后的全国成人高校招生统一入学考试时间为每年10月份的第三个星期六、星期日，报名时间由各省级高校招生办公室自定，录取的新生于第二年春季按高等学校要求的时间入学，具体时间可向当地招生办查询。一般来说，成人高考难度要比普通高考容易很多，但文凭是一样的。更有一个好处是，许多成人高校为争夺生源，采取了先上车后买票的做法，也就是说可以不参加考试，先上学，然后由学校组织参加来年成人高考。这样就更容易了，对于成绩不太好，但想上好学校的农民工朋友来说，不失为一条捷径。

选择之四：民办学校

民办高等学校是指企事业组织、社会团体及其他社会组织和公民个人利用非国家财政性教育经费，依照国家和本地教育行政部门制定的高等学校的设置标准，面向社会举办的实施高等学历教育的学校或实施高等非学历教育的教育机构。就业率高是民办教育的一个亮点，这源于民办高校的超前意识，自入学起就为学生量身定做个性化的专业就业指导，并且根据就业开展教学，灵活改变专业设置。一些民办高校开创的依托民营企业进行订单式培养的新模式，也吸引了不少人。对于家庭经济基础较好，尤其是在某些方面有特长和志趣的朋友，民办学校是个值得考虑的选择。

选择之五：自学考试

对于经济并不是很殷实但本人有坚强意志力的农民工朋友，可以选择通过高等教育自学考试，获取高校的毕业证书。在获取高校大专和本科毕业证以后，还可以参加研究生考试继续深造。自学考试每年考几次，你可以直接到自考办报名。依次通过所报科目，即可获得国家认可的文凭。

除以上选择之外，目前职业资格证已成为进入劳动力市场的“绿卡”，成为极具含金量的就业通行证。在选择网络大学、自考等深造门路之外，考证也是农民工朋友的另一选择。农民工朋友应从个性化的兴趣和特长出发，审视发展的可能方向，进而选择应考相应的资格证，如驾驶证、导游证以及其他类别的技术资格证等，以此赢得超越学历限制的资本。

3. 制订科学的学习计划

无论是在学校学习、还是自学；无论是接受正规教育、还是参加社会培训，单凭勤奋和刻苦是远远不够的，只有掌握了学习规律，制定出科学的学习计划，才能有计划地逐步达到自己的学习目标。在外务工的朋友更应该制定自己的学习计划，因为在外务工，用于学习的时间本就不多，加上不时会有一些工作上、生活上、家庭中的事情来打扰你，如果没有学习计划，是很难将你的学习顺利进行下去的。

首先要从个人的实际出发，根据工作的需要、自己的兴趣爱好、社会对知识的需求等因素，确定自己的学习目标。比如，设想在一段多长的时间内，自己要达到什么目标，学完哪些方面的知识，培养哪几种能力等。有时还可以请有经验的亲朋好友来帮自己出主意。

其次是制订阶段性具体计划。如一年、一个月或一周的安排，这种计划主要是根据自己的学习情况、适应程度，确定本阶段的学习重点、学习时间的分配、学习方法的选择和选用什么书籍等。这种计划的制订要符合自己的实际，并且切实可行。通过不断总结计划执行过程中的经验，可以对原计划进行适当调整。

最后是制订每天的计划。要合理协调好工作与学习在时间上的矛盾。工作之余的时间要做好合理安排，安排时要根据自己的身体和用脑习惯，在脑子最好用时干什么，脑子疲惫时安排干什么，做到既调整脑子休息，又能做一些其他的事情。一旦安排好时间表，就要严格执行，不要拖拉和随意改变，养成今天的事今天做完的习惯，千万不要等到明天。

4. 为自己创造良好的学习环境

许多务工者常常埋怨自己的学习环境不好，难以集中精力学习，这是可以理解的，因为在外打工，毕竟不是在自己家里，常常要受到来自外界的各种干扰，但只要你能保持良好的心态，掌握好的方法，良好的学习环境是可以自己创造的，下面的建议也许对你有帮助。

一是营造有助于学习的四周环境。为了避免学习的时候分心，需要设立一个能够使你不受干扰的学习场所。很多打工者都住在集体宿舍，又吵又闹的，这就需要你自己去想办法了，比如可以戴上耳机，或者走出去找个安静的地方等。

二是培养积极的学习情绪。不要把学习当作一种苦差使，一种无可奈何的负担，而应看作是积极生活的一部分。开始学习前，可以闭目静坐一会儿，做做深呼吸，放松自己，集中精神，以使自己尽快进入较好的情绪状态。

三是了解自己生理和精神上的最佳状态。应该尽可能在最清醒、精力最充沛的时候学习，避免在疲倦时学习。如果感觉疲倦，仍必须继续学习，可以尝试做一些不用动脑筋的事情，如查查词典、整理资料等。

四是订立明确的学习目标。为每个时间单元订立明确的学习目标，目标越明确越好。例如，在一小时内，完成第一章的阅读，列出本章内容的重点和难点等。

五是给自己以必要的奖罚。当你圆满地完成学习任务后就给自己以奖励，例如看电视、购物。如果不能按进度完成学习任务，就给自己以相应的惩罚。

六是缩短学习的时段。每次的学习时间不要太长，当你的精力开始不集中时，就休息一会儿。

你还可以邀请老乡、朋友一起学习、交流，提高学习趣味性；也可以通过计算机网络、电话、信件等通信方式和相关的老师、学员等保持经常性的联系，及时解决你在学习中可能出现的各种难题。

5. 养成自主学习的习惯

能做到一边打工，一边自主学习是有一定难度的，这需要农民工朋友拥有坚强的毅力和决心，除此之外，掌握一定的学习规律也是十分重要的。你可以从以下几个方面着手来培养自主学习的习惯。

一是合理分配每天的学习任务。坚持当天的任务当天完成，无论如何不能给自己以任何借口。

二是合理规划每天的时间，把必须完成的工作尽可能安排在工作时间内完成，把既定的学习时间保留出来，养成利用每天的零星时间学习的习惯。

三是按照既定的时间表学习。学习时间表可以帮助你克服惰性，使你能够按部就班、循序渐进地完成学习任务，而不会有太大的压力。

四是及时复习。为了使学习能够有成效，应该养成及时复习的习惯。研究表明，及时复习可以巩固所学的知识，防止遗忘。

五是向自己提问。不时地向自己询问“是什么”、“为什么”、“怎样做”等问题，这是集中注意力，激发学习兴趣和发现薄弱环节的好方法。

六是向他人提问。在学习中碰到疑难问题，要及时向老师和同学请教，无论你认为自己的问题是多么简单、多么微不足道。

七是养成做笔记的习惯。做笔记既可以帮助你集中精力思考和总结、归纳问题，加深对学习内容的理解和记忆，又可以把学习内容中的重点记录下来，便于以后查阅和复习。

八是保持适量的休息和运动。休息和运动不仅让你保持良好的状态，也是消除压力的好办法。

6. 选择自己该读的书

当今世界各类书刊文献极为丰富，数不胜数。农民工朋友用来读书的时间是有限的，如果不加选择，乱读一气，只会苦了自己，难有什么收获，再说书刊也有好坏，有新有旧，因此要有选择地读书。那么，如何才能在众多的书刊文献找到自己该读的好书呢？途径一是向别人请教，如向领导、老师、朋友、同事、社会上的学者等虚心请教，或通过别的途径看一些书评，找到自己需要读的书刊。途径二是自己筛选，先把能看到、了解到的有关书刊大体上浏览一遍，再根据以下标准去选择：

（1）适合自己学习目的和成才目标所需要的，与自己的志趣相符的书。

（2）能在最短的时间内了解到自己最需要的知识，或者了解到某种最有效的技能的书。

（3）内容全面完整，阐述清楚而深刻，有图有文，容易理解而又表达精练的书。

（4）既能使自己获得知识，又能提高自己某方面的非智力修养，特别是能启发自己的创造性的书。

具体选择时，还要注意以下三点：

（1）该书刊能提供的信息应比较新，而且信息含量比较高，即包含的内容丰富全面。

（2）应该多选读一些经典著作，如某些名人名著，在社会上有较好影响的书刊。

(3) 在书的最前面或者最后面几页可以找到书的作者、出版时间、重版次数等，这些都要作为你选书的参考。比如，看是否是有名气的作者，时间是否久远了，是第几版了（一般来说，重版次数越多，证明该书发行量越大，读它的人越多，社会效应越大）。

7. 利用互联网学习

有些在城市务工的朋友认为互联网这个东西离自己太遥远了，其实大家接触互联网的机会还是很多的，现在的企业大多上了网，商业性的网吧到处都有，经济状况较好的话，也可以自己购置电脑，申请上网。现在懂电脑、会上网的人越来越多，网络离农民工朋友越来越近了。在当今的信息时代里，农民工也应该积极行动起来，学会利用互联网来扩展自己的视野，获得有用的知识，提高自己的科学文化水平。

互联网，英文名称叫 Internet，是把世界各地的电脑通过各自的局域网联成一个全球性的信息交流与共享的公用网络体系。现在的互联网已经覆盖全球 200 多个国家和地区，8 亿多人在使用它。在互联网上可以获得多种服务：电子邮件，文件传输，大量的信息资源，兴趣小组，交互式协作，多媒体显示，实时广播，购物，重要新闻传送等。

大体说来，在互联网上可以通过以下途径学习：

(1) 在互联网上可以通过电子邮件相互交流，或通过某些聊天工具在线进行交流讨论，广交良师益友，共享信息资源。

(2) 在互联网上有很多数据库、软件、程序是免费提供的，可以通过数据查询、下载并安装程序获得你想要的资源。

（3）可以在网上看新闻、听广播、看电视、接受多媒体教学，通过图文并茂的形式，较快地学会你所需要的知识与技能。

（4）互联网上信息资源十分丰富，涉及各个领域的各个方面，可以通过输入网址浏览信息，或通过搜索工具查找你所需要的信息。

（5）可以通过某些专业网站找到有关科学技术的有用资料。

网络世界虽然是一个虚拟的世界，但它超越了时间和空间的限制，正在深入到人类的生活、学习等各个领域；也正在改变着人们的工作方式、生活方式，甚至思维方式。只要抱着学习的心态去利用它，它就会教给你无尽的知识。但互联网又十分复杂，上面色情、暴力、迷信、欺诈等不健康的东西也很多，农民工朋友千万要洁身自好，不要过于迷恋网络而脱离实际生活，这样会得不偿失，甚至误入歧途。

8. 处理好工作和学习之间的矛盾

在城市务工的朋友，往往有这样的苦恼：既想把工作做好，又想通过学习学到有用的知识和本领，但这两者往往在时间上、精力上有冲突，怎么办呢？其实，对于务工朋友来说，工作应该放在第一位，毕竟那是自己出来的第一目的和生活来源，如果因为工作不认真而丢掉了工作，那么学习也就会泡了汤。在这种认识的基础上，下面的建议也许可以帮助你缓解工作和学习的矛盾。

一是保持旺盛的精力。做到生活有规律，注意饮食营养，保证充足的睡眠，保持适量的运动和休息，能够以旺盛的精力投入工作和学习。

二是养成自主学习的习惯。很多人习惯于全日制学校的学习方式，难以适应业余自主学习的方式。只要精心安排好自己的时间，把学习当作每天生活的一个组成部分，就会习惯成自然，工作和学习之间的矛盾将逐渐缓解。

三是计划好你的时间。尽管工作的时间是由工作单位规定的，是固定的，但业余时间多少对你来说却是有弹性的。如果你能够事先计划好，就能保证学习时精力集中，提高学习效率。还要懂得珍惜零星时间，学习时间是可以挤出来的，如早上起床时、等车、坐车等，合理利用这些零星时间，累积起来也是一笔财富。

四是要运用学习技巧，提高学习效率。如果能够掌握和运用一些学习技巧来提高学习的效率和效果，就会充分有效地利用好有限的学习时间，在最短的时间内获得最大的学习收益。

参加培训，提升技能

1. 什么是职业培训

职业培训的种类包括初中高级职业培训、劳动预备制度培训、再就业培训和企业职工培训，依据职业技能标准，培训的层次分为初级、中级、高级职业培训和其他适应性培训。

职业培训工作主要由技工学校、就业训练中心、社会力量办学等各级各类职业培训机构承担。

技工学校是培养技术技能型人才的主要基地。招生对象主要是初中毕业生，学制 3 年，技工学校实行教学实习与科研生产相结合。目前，技工学校已形成初级、中级、高级培训并存，学历教育与职业资格证书教育相结合，多层次、多功能、多元化的职业培训体系。

就业训练中心是培训失业人员的重要基地，其培训对象主要是待业青年和下岗失业人员。就业训练中心组织就业前训练和转业训练，多以实用技术和适应性培训为主，学制灵活，少到 1～3 个月，多到 6～12 个月。

社会力量办学是企业组织、社会团体及其他社会组织和公民个人利用非国家财政性教育经费，面向社会举办的培训机构，社会力量办学主要实施以职业技能培训为主的职业资格培训、技术等级培训、劳动就业职业技能培训。

综合性职业培训基地是在改革现有的技工学校、就业训练中心以及企业的培训实体基础上，建立起的一种兼有职业需求调查、职业培训、职业技能鉴定、职业指导等多种功能，并与职业介绍紧密联系的综合性职业培训基地，为学员提供培训、鉴定、就业一体化服务。

2. 到哪里去参加职业培训

(1) 国家的免费、半免费教育培训

①很多地方政府对农民工免费培训，如上海、北京以及西部城市。一些县区扶贫办还给参加培训的人员发放误工补贴。另外，根据国务院办公厅指示，城市各级公共职业介绍所要免费向农民工开放。许多外来务工人员就业服务中心对农民工进行全程

的免费培训指导服务。

②半免费的，如农业部、财政部、劳动和社会保障部、教育部、科技部和建设部共同组织实施的阳光工程。该工程主要在粮食主产区、劳动力主要输出地区、贫困地区和革命老区开展，帮助农村劳动力转移到非农领域，给他们进行就业前的职业技能培训。阳光工程培训经费实行政府和农民个人共同分担的方法，政府补助资金通过发培训券，或培训机构降低收费标准方式直接发放给农民。

(2) 各种公办的职业培训学校

其特点是成立的时间比较早，教学实力强，受政府的直接领导，办学比较正规，能有力地执行国家的优惠政策。受国家对务工者的优惠政策影响，公办职业培训学校纷纷推出各种工作培训，而且培训的都是社会上紧缺的技术，工作好找，待遇较高。

(3) 私营培训学校

私营培训学校与公办的培训学校相比，招生对象一般不要求很高的文化水平，只要有基本的文化基础就行。灵活性很强，能够紧跟社会的需要，不断推出用工量大、需要持证上岗的培训项目。有的与用工企业合作紧密，培训的项目也比较有保证。

(4) 企业开办的培训

企业的培训有很多种。大家要从培训目的、培训内容、我们的自身特点及企业具备的培训资源等方面，来选择合适有效的培训方法。

企业培训常用的几种方法有：

讲授法：属于传统模式的培训方式，培训师通过上课，系统地向我们传授知识。

工作轮换法：这是一种在职培训的方法，通过让我们在预定的时期内变换工作岗位，来获得不同岗位的工作经验。

工作指导法或教练实习法：这种方法是由一位有经验的技术能手或直接主管人员在工作岗位上对我们进行培训，俗称为师带徒。负责指导的教练的任务是教我们如何做，以及提出如何做好的建议。

案例研究法：为参加培训的学员提供工作实例，让学员分析和评价，提出解决问题的建议和方案的培训方法。

角色扮演法：在一个模拟的工作环境中，指定学员扮演某种角色，处理工作事务，借助扮演来提高理解，从而提高处理各种问题的能力。

(5) 网络教育

现在有的地方通过镇有线电视把"机修钳工"、"电焊工"等职业技能课程定时播放到农民家中，不出门就能免费学到外出就业的一技之长，但其缺点是网上培训要求建立网络培训系统，这需要大量的培训资金，而且在培训内容上有缺陷，主要适合知识方面的培训，一些比如人际交流方面的培训就不适用于网上培训。

3. 参加社会上的培训机构应注意些什么

许多在外务工的朋友不甘于现状，积极向上，努力学习。很多务工朋友喜欢参加社会上的一些培训机构，来获得某方面的知识或技能。但由于我国现在的培训市场还不很规范，少数培训机构唯利是图，采取欺诈手段骗取前来培训者的钱财。因此，农民工朋友参加社会培训时，应擦亮眼睛，注意不要上当受骗。参加社会培训时，应注意以下几点：

一是确认培训机构的办学资格。根据国家有关规定，开办社会培训机构必须得到当地教育主管部门的批准，农民工朋友在报名参加培训前，可要求培训者出示有关证件或直接向当地教育部门咨询，避免参加假冒伪劣的培训班。

二是了解培训效果。可以通过同事、朋友、老乡打听一下，当地有哪些较正规的培训机构，哪些培训机构培训效果较好，得到了社会的承认。你也可以直接到各个培训机构去看一看，向正在学习的学员当面询问一下情况，问问他们对学习材料以及各种基础设施有什么感觉，有比较地进行选择。

三是做出合理选择。经过上述了解，你再考虑一下去培训机构是否方便，你所需要学习的课程或技能是否可以全部学到，培训费用是否在你可以承受的范围内，然后再做出正确的选择。

四是及时反映情况。当你发现某个培训班的问题，如上课人数太多影响学习效果，老师不用心讲课等，要及时向培训机构的举办者反映情况，提出意见和建议，督促他们改进，千万不要姑息迁就，否则吃亏的只会是自己。

五是保留好学习资料。记得保留好培训机构发放的学习材料，一来是为了复习，二来是万一出现问题后，可以依此作为证据来维护自己的权益。

总之，在参加各种培训时，大家一定要保持清醒的头脑，不要轻易被蛊惑性的语言或者广告所迷惑。

4. 什么是职业资格证书

职业资格证书是表明劳动者具备某种职业所需要的专门知识

和技能的证明，它是劳动者求职、任职、升职的资格凭证，是用人单位招聘、录用劳动者的主要依据，也是境外就业、对外劳务合作人员办理技能水平公证的有效证件。它反映了劳动者胜任职业活动的水平，是职业能力的具体体现。

此外，从事特种作业的，还要经过考试，取得《特种作业人员操作证》。国家规定的特种作业范围包括以下 10 类：①电工作业；②锅炉司炉；③压力容器操作；④起重机械作业；⑤爆破作业；⑥金属焊接（气割）作业；⑦煤矿井下瓦斯检验；⑧机动车辆驾驶；⑨机动船舶驾驶、轮机操作；⑩建筑登高架设作业。办理职业资格证书，要首先到当地的职业技能鉴定所（站）进行申请，然后进行考核，考核合格才能获得职业资格证书。

目前，国家已经基本建立了社会化的培训与资格认证体制，有资格和有能力的企业、厂矿、学校经劳动行政管理部门的严格审查后，可以获得认证资格。任何符合条件的个人均可自主申请参加职业技能鉴定。

5. 国家职业资格证书

职业介绍机构的工作人员在工作过程中，对国家规定实行持证上岗的职业，都会要求务工者出示职业资格证书并进行检查，凭证推荐就业；用人单位在招聘有就业准入标准的职业时，也是凭证招聘的。如果没有证书，会被劳动监察机构依法查处。从事个体工商经营的人员，也要在取得职业资格证书后，工商部门才办理开业手续。我们在这里主要介绍国家职业资格证书。

（1）五个等级的国家职业资格证书

国家职业资格证书由中华人民共和国劳动和社会保障部统一

印制，劳动保障部门或国务院有关部门按规定办理和核发。

国家职业资格证书分为五个等级，即初级（国家职业资格五级）、中级（国家职业资格四级）、高级（国家职业资格三级）、技师（国家职业资格二级）、高级技师（国家职业资格一级）。

（2）申请职业资格证书

申请职业资格证书，要先通过职业技术鉴定，个人可以自主申请参加。

申报职业技能鉴定，首先要根据所申报职业的资格条件，确定自己申报鉴定的等级。接着是考试鉴定。经鉴定合格者，由劳动保障部门核发相应的职业资格证书。

（3）办理职业资格证书的程序

根据国家有关规定：职业技能鉴定所（站）将考核合格人员名单报经当地职业技能鉴定指导中心审核，再报经同级劳动保障行政部门或行业部门劳动保障工作机构批准后，由职业技能鉴定指导中心按照国家规定的证书编码方案和填写格式要求统一办理证书，加盖职业技能鉴定机构专用印章，并经同级劳动保障行政部门或行业部门劳动保障工作机构验印后，由职业技能鉴定所（站）送交本人。

6. 不要盲目考证

（1）不同的证书对应不同的工作，有时同一个工作还分不同种类的证书，对应不同的需要。因此，考证前要分清不同证书的作用，然后根据自己的特点和要求挑选最适合自己的证书，从而快速有效地提高专业能力。

（2）学历应该重视，但是更要注重能力。企业的用人原则，关键是看员工的实际能力是不是达到岗位的要求，特别是一些强调专业能力的职位，如技术岗位、管理岗位、营销岗位等，企业更看重有能力的员工。

比如从 2006 年起，北京不再把学历、职称等硬指标作为招聘门槛，而是尝试建立以品德、能力和业绩为主要指标的人才考核体系，以便更加全面和科学地吸引和造就人才。

因此，考证书应以提升能力为目标，否则，再好的证书也只是一张白纸。

在陌生的城市构建人脉

1. 好人脉带给你好运气

很多人的所谓“走运”，多半是优质的人脉为他创造的。一个能认同你的做法、想法且欣赏你的才华的人，一定会在将来的某一天为你带来好运。

很多人都在寻找生命中的“贵人”，但其实“贵人”并不是确定的某一个人。任何人都有可能成为对你施与援手的人，他可能是你的同事或上司，也可能是你的同学，还可能是你的老乡或者儿时的伙伴，甚至有可能是一位不曾相识的陌生人。

你的人脉越广，你获得成功的概率就越高。所以，千万不要忽视你身边的任何一个人，有时给予你有力的帮助和成功的机会的，可能是你人脉链中的一位意想不到的人。

很多人常常说：如果运气好，我就能干一番大事！岂不知，好运气不是天上掉下的馅饼。如果你时时处处能助人为乐，广结善缘，不断扩充自己的人脉，说不定某一天好运就会来敲你的门！

2. 好人脉即是你的财脉

人是具有社会性的群居动物，人的成功只能来自他所处的人群及所在的社会。只有在这个社会中游刃有余，才可为事业的成功开拓宽广的道路，没有一定的交际能力，免不了处处碰壁。这就体现了一个定律：人脉就是财脉！

所以，你要想成功，就一定要营造一个适于成功的人脉网络，一个不会交朋友、不善于处理人际关系、没有良好的人脉关系的人，纵然有学识、有技能，也得不到充分施展的空间，在到处都是人的大都市立足就更难了。

特别是对于刚到大城市的年轻人来说，社会阅历和处世经验都比较欠缺，这就更需要别人的帮助了，所以必须从现在开始，广建人脉资源，而且年轻人一般比较活泼好动，容易结交朋友，这也是我们获得良好人际关系的优势所在。

3. 真诚守信，赢得好人缘

在大城市里要想人缘好，必先使自己的人品好。求其至要者，莫过于“诚信”二字，无“诚”，则不足以打动人；无“信”，则不足以立世。

每个人都喜欢诚恳、可靠的朋友，而提防和痛恨口是心非、虚伪阴险的人。人格魅力的基本点就是真诚。待人心眼儿实一点、诚挚点，能更多地获得他人的信赖和理解，能得到更多的支持与合作，因此会获得更多的成功机遇。

讲信用，守信义，是立身处世之道，是一种高尚的品质和情操，它既体现了对人的尊敬，也表现了对己的尊重。但是，我们应该注意，要想为自己留下信守诺言的美名，就千万不要随意许诺，更不要包揽一些自己力不能及的事情，轻诺者必寡信。

如果你答应为朋友办一件事，但这件事远远超出了你的能力范围，最终的结果肯定是办不好。也许你当初答应是出于好意，但办不成，则难免被朋友认为不守信，这肯定会影响与朋友之间的关系。

事实上，“真诚”与“守信”是一对孪生儿，真诚的人必守信，同样守信的人肯定很真诚。将“诚”、“信”二字奉为处世待人的准则，就一定会使自己的人品生辉，使自己的人缘良好，使自己在大城市的人脉旺盛。

4. 如何和陌生人成为好朋友

大城市人如潮水，你每天都会遇到很多的陌生人，但是千万不要忽略这些陌生人，许多至交好友，都是从陌生人中来的。你与对方从互不相识到相互了解，乃至相知相交，总有一个过程。但是决定这个过程的，是最初的那几分钟。

良好的第一印象是打开你与陌生人的友谊大门的一把钥匙。在交往中，你怎样在短时间内给人留下良好的第一印象，与陌生人成为好朋友呢？做到以下几点就可以奏效。

(1) 仪表大方得体

社会心理学家研究表明，在公众场合，人总是趋近衣着整洁、仪表大方的人，或衣着略优于自己的人。事实上，没有人愿意同一个不修边幅、肮脏邋遢的人在一起。

你的衣着服饰很容易会被别人同你的地位、身份和修养联系在一起。因此，为获得良好的初次印象，打开交往之门，你应该注意自己的穿着，修饰自己的仪表，以引起他人的关注和欢迎。

(2) 介绍自己宜简单明了

和陌生人初次见面，首先得自报家门，介绍自己。可以由第三者出面介绍，也可以自我介绍，不论采用何种介绍方式，都不宜采取太冷淡或言谈太随意的态度。

特别是自我介绍的时候，一定要做到恰当得体。一般来说，介绍的语言既要简洁明了，又要能使对方从你的介绍中找到继续谈下去的话题；既要使对方通过你的介绍对你有所了解，又不使对方觉得你在自吹自擂。

(3) 找到对方最感兴趣的话题

这一点至关重要，可以说是你与对方能否深入交往的关键。想与不认识的人展开深入的交谈，最大的挑战在于找出对方感兴趣的话题。

在与陌生人的交往中，要善于观察，善于发掘他的兴趣和爱好，以此作为交往的突破口。使对方觉得你对他非常关心，这样很容易会变不认识为认识，变陌生人为好朋友。

(4) 恰到好处地运用表情

你会发现，那些与人交谈面带笑容，听人说话时表现出专注神情的人，他们的人际关系一般都很好。恰到好处的表情可以充分展示你的人格和修养。

在与人初次交往时一定要注意你的眼神，眼睛是心灵的窗户，在交往中，眼睛被对方注视得最多。两个人见面时即使没有开口说话，从目光上就可以判断出占心理优势的一方。所以，在第一次与陌生人见面时要善于运用自己的视线，也要学会了解对方视线的含义，并随时调整自己的视线。眼睛可以直视对方，但注意不要引起对方的不愉快。

总之，和陌生人是成为只有一面之缘的匆匆过客，还是成为相互砥砺的知己好友，很大一部分决定于初次见面的头几分钟。良好的开端是成功的一半，在人际交往中亦是如此。只要你能给对方留下得体大方、真诚友善、风趣健谈的良好形象，那么进一步的深交就会水到渠成。

5. 把握分寸，诚交异性朋友

如果把你的“人脉”比作“天”，那么有“半个天”是由异性朋友撑起来的。现如今，没有人的朋友圈是“清一色”的。

结交异性朋友在当今这个开放时代已是常见的现象了，那种男女授亲不亲的时代已经一去不复返了。事实上，异性朋友对一个人来说更有价值，在紧要关头更派得上用场。

应该承认，男女间除了爱情，还有一种真诚的友谊存在，异性朋友可以互补互敬，互相帮助，互相促进。但话又说回来，异性毕竟是异性，与异性建立正常的朋友关系，应把握交往的分寸，突破交往的观念和障碍。

首先，结交异性朋友一定要掌握好分寸。

异性交往毕竟不同于同性交往，要尊重对方的生理、心理特点。切忌语言粗陋，任何行为的失态都会断送异性间的正常交往。

其次和异性朋友交往，要有开放观念。曾几何时，异性之间的往来是敏感话题，需要中间媒介，或者第三者在场，不然会有闲话。这是旧时代的交往方式。现代社会，男女交往如果还需要中间媒介，那就是保守和无能。只有采取开放式的交往方式，才有可能真正自然而广泛地结交异性朋友。

再次，结交异性朋友必须克服心理障碍。异性交往有积极的一面，也有消极的一面。异性交往可以体验异性不同的心理性格、情感，达到互补，这是其积极的一面；而消极的一面则在于，无论男女往往很难将异性朋友与恋爱对象完全区别开来。一开始就以恋爱婚姻为目的去结交异性朋友，就会使这种交往变得拘谨而庸俗，妨碍正常交往，甚至到头来“连朋友也做不成”。

总之，异性朋友的情谊往往非常珍贵，也非常真诚，只要你心地纯洁，胸怀坦荡，就会体验到异性友谊的芬芳，也会为你的人脉大厦中增添历久弥香的资源。

6. 和带“圈”的朋友交换人脉网

每个人都有一个“交际圈”，这个“圈子”有大小之分，交际能力强、人缘好的人“交际圈”就大一些；反之，则小一点。

大城市中，使你的人脉网快速倍增，有一条捷径，就是多认识“交际圈”大的朋友，并且和他们进行“互动”，交换彼此的人脉网。朋友的朋友也有可能成为你的朋友，这就如同数学的乘方，以这样的方式来建立人脉，速度是惊人的！

当你和朋友交换一块钱时，每个人得到的还是一块钱，但是，当你和朋友积极互动，交换人脉网时，你们便能各自拥有更加丰富、更加宽广的人脉网络！

7. 平时多烧香，急时有人帮

俗话说得好："平时多烧香，急时有人帮。"真正善于利用人脉力量的人，都有长远的眼光，未雨绸缪，做足前期的"投资"工作。这样，在事急之时，就会得到朋友们的多方帮助。如果平时不烧香，等事到临头时才去"抱佛脚"，尽管你追得很紧，下的工夫很大，人家也可能一口回绝你的请求。

不要与朋友失去联络，切莫等到急需帮助时才想到朋友。"关系"就像一把刀，常常磨才不会生锈。如果你半年以上不与某个朋友联系，就有可能失去这位朋友。

所以我们应该经常主动与朋友联系。大都市里，人们终日忙忙碌碌，很少有闲暇与朋友进行往来和交流，日子一长许多原本牢靠的关系就会变得松懈，朋友之间逐渐互相淡漠以至疏远，这是很可惜的。所以一定要珍惜与朋友之间的友谊，即使再忙，也别忘了感情沟通，进行"感情投资"。很多人都有忽视"感情投资"的毛病，一旦交上某个朋友，就不再去培育和发展双方之间的感情，长此以往，两个人的关系自然就淡薄了，随着时间推移甚至变成陌路人了。

维护人脉，维系友谊和感情，要做在平时的点点滴滴中，比如抽时间去朋友家走一走，碰上朋友婚丧嫁娶等大事尽量参加，朋友有困难的时候一定要主动帮助等。点点滴滴方能见真情真心，那种"用得上拉来，用不上推开"的实用主义的交友方式，只能引起人们的反感，其实是交不到一个真心朋友的。

8. 猜疑和嫉妒：人脉的两大腐蚀剂

世事无常，原本亲密无间的一对好朋友，突然有一天反目成仇，形同陌路。破坏友谊、破坏人脉的因素各不相同，但细细想来，最具杀伤力的莫过于猜疑与嫉妒。

有人看到朋友和他人正在说悄悄话，心头疑云顿起：他们是不是在背地里谈论我？有人和朋友合伙做生意，老是心里不放心：他是不是留了私房钱，他是不是和客户偷偷往来？甚至朋友好心帮他找到一份工作，他会背地里暗想，他是不是赚取了中介费……凡此种种，都是猜疑心在作祟。

不信任朋友的人，是得不到真正的友谊的。好朋友之间，彼此已有相当的了解，绝不能随意猜疑，否则，疑心生暗鬼，暗鬼生仇隙，失去了老朋友，会造成终生遗憾。

人心齐则事业兴。如果你和好朋友想在大都市里有一番作为，则必须相互信任，相互理解，万不可“以小人之心，度君子之腹”，到头来弄得食尽鸟飞，各奔东西。

不可否认，人都有一定程度的嫉妒心，这是人性的弱点，但是，我们要勇于向自身的弱点挑战，使自己拥有宽广的胸怀，能容纳朋友的缺点，更能容纳朋友的长处和成就。要坦然承认自己不如人的地方，更应该虚怀若谷，向朋友学习。

能给朋友以充分的信任，拥有海纳百川般的宽阔胸襟，何愁自己的朋友不能遍天下？

9. 识别“损友”，远离小人

我们在大城市里生存，需要朋友，更需朋友的帮助，但是，择友一定要在“良”字上下工夫。固然“金无足赤，人无完人”，你选择的朋友尽管会有这样那样的不足，但必须承认主流是好的。他们能与你坦诚相处，道义上能互相砥砺，当你有了成绩能与你分享，有了过错能严肃规劝你。这种真诚待人的朋友可称之为“挚友”，这种能指出你过错的朋友又称为“诤友”，这种能使你对真、善、美的事物更加向往，使你变得更高尚，更富有智慧的朋友，就是你应当寻求的，并使你终生受益的“益友”。与这样的朋友建立起健康而真挚的友谊，会成为你前进的动力。

但交朋友并不是来者不拒，和任何人都交朋友。如果你择友不慎，恰恰结交了那些思想消极、品格低下、行为恶劣的小人，这种人只能称之为“损友”，你会因他们陷入恶劣的环境难以自拔，甚至受到“恶友”的连累。

人的品性决定他做人处世的方法，反过来说，他做人处世的方法又能体现他的品格。那么在与人交往时，只要仔细观察对方的一举一动，就能把对方的道德品行猜个八九不离十。即使对方是有意隐瞒，故作假象，只要我们保持清醒的头脑，总能从他举手投足的细枝末节处，发现蛛丝马迹。

附　　录

日常抢救小常识

1. 昏厥的抢救技巧

昏厥的症状特点：

（1）发生昏厥前自觉头晕、恶心、眼前发黑、浑身乏力，并有脸色苍白、流汗、手足冰冷、脉搏细弱，随后知觉丧失。

（2）意识丧失，持续数秒至数分钟后苏醒。

急救措施

（1）保持现场空气新鲜，将病人平放在地上，仰卧位（不要枕头）解开领、扣、皮带、领带。

（2）指压人中、合谷、内关等穴位，在人中、太阳穴擦清凉油。

2. 中暑急救

当人们在夏季长时间受到强烈阳光的照射，或停留在闷热潮湿的环境中，以及在炎热的天气里长途行走等情况下，均容易导致中暑的发生。

在上述条件下，一旦出现大量出汗、口渴、头晕、胸闷、恶心、全身无力、注意力不集中等表现时，应想到这是中暑的先兆。此时，要尽快离开高温潮湿的环境，转移到阴凉通风处坐下休息，喝些糖盐水或其他饮料，在两侧太阳穴擦些清凉油，经过一段时间休息后多可恢复。

当救助者发现有人中暑倒下时，要根据病人不同的症状给予不同的治疗。

(1) 如果是因为在强烈的阳光下或闷热的环境中停留时间过长，表现为面色潮红、皮肤发热的病人，要根据现有条件给予降温处理。迅速将病人抬到阴凉通风的环境下躺下，头稍垫高、脱去病人的衣裤，用纸扇或电扇扇风。同时用冷水擦身或喷淋，以加快病人体内热量的散发。有条件的可用酒精擦身，也可将冰块装在塑料袋内，放在病人的额头、颈部、腋下和大腿根部。若无电扇冰块等降温条件，也可将病人直接浸泡在河水之中降温，救助者始终保持病人头部露出水面，以防病人溺水。上述降温处理时间不宜过长，只要病人体温下降并清醒过来即可。为避免皮肤很快冷却引起皮下血管收缩，妨碍体内热量散发。救助者还应不时按摩病人的四肢及躯干，直至皮肤发红，以促使血液循环将体内热量带到体表散出。神志清醒者，可喂以清凉饮料、糖盐水等清热解暑药。若病人昏迷不醒，则可针刺或用手指甲掐病人的人中穴——位于鼻唇之间中上 1/3 交界处；内关穴，位于手腕内侧上方约 5 厘米处以及合谷穴，即虎口等，促使病人苏醒。出现呕吐的，应将其头部偏向一侧，以免呕吐物呛人气管引起窒息。对于高烧不退或出现痉挛等表现的病人，在积极进行上述处理的同时，应将其尽快送往医院抢救。

(2) 如果是在潮湿闷热的环境中大量活动过度疲劳，表现为面色苍白、皮肤湿冷、心慌、呼吸困难的病人，应尽快将病人抬到凉爽通风的地方躺下，松解衣领、腰带，保持呼吸通畅。用冷手巾湿敷前额及颈部即可，不要给予其他任何降温处理，以免使症状恶化。对于昏迷不醒的病人，则可针刺或用手指甲掐病人的人中穴、内关穴及合谷穴等，促使病人苏醒，然后给予足量的清凉饮料、糖盐水，以补充出汗造成的体液损失。

经解救清醒后的病人，必须在凉爽通风处充分安静休息，并饮用大量糖盐水以补充体液损失。因为此时体内的抗中暑机能处于疲劳状态，若再重回炎热的环境或参加体力活动，则后果将比上次中暑更加严重。

3. 热痉挛急救法

在工厂等热而湿度高的地方，长时间地工作，有时会突然脸色发青，感到头痛、恶心、头晕并发生痉挛，这叫热痉挛。对这种病如不及时处理，会进一步发展，导致意识消失，最后死亡。

急救措施

（1）轻者要迅速到阴凉通风处仰卧休息，解开衣扣，腰带，敞开上衣，然后再喝些凉开水或盐水。

（2）如意识丧失，痉挛剧烈，应让患者取昏迷体位（侧卧，头向后仰），保证呼吸道畅通，同时等待医疗救援的到来。

（3）如虚脱者苏醒，也应抬送医院，严禁让患者自立行走，更禁用阿托品以及催眠、镇静等药物。

4. 化学物入眼

（1）冲洗眼睛 1 小时，或直至专业人员到达。伤者需不断眨眼，注意水不要流入另一只眼。

（2）将双眼覆盖以减少眼动。

（3）尽快取得医疗急救或紧急送伤者去医院，告诉医生有关化学物类型。

5. 眼球穿通的急救方法

尖锐物体意外地刺入眼内或小碎块高速弹入眼内发生眼球穿通事故，伤者自觉视力减退或失明、疼痛、畏光、流泪。

急救措施

眼部用消毒纱布，或用干净手帕敷盖，不要加压，面部可用冰袋或冷毛巾冷敷以助止血，即送医院急救，途中要避免颠簸以防加重伤势。

6. 眼外伤的急救法

发生眼外伤后，伤员本人及救助者首先要判明受伤的部位、性质和程度，然后根据不同的情况给予相应的处理。

面部由于受到钝性打击，仅引起眼眶周围软组织肿胀而无破口的，因眼眶周围组织血管分布丰富，皮下出血后往往肿起大块青紫，故受伤后切不可按揉或热敷以免加重皮下血肿，而应立即用冰袋或凉手巾进行局部冷敷，以期消肿止痛。24 小时后可改为热敷，以促进局部淤血的吸收。

凡是仅为眼外部皮肤破裂而眼球无损伤者，必须注意保持创面清洁，不可用脏手或不洁的布块擦拭伤口，以免引起感染累及眼球而影响视力。用干净的敷料包扎后，尽快送往医院眼科进行清创缝合，减少日后留下较大疤痕的机会。

如果眼球受到钝性撞击或擦伤后，伤员可出现眼内异物感、畏光、流泪，若损伤角膜还会出现剧痛。此时，如有氯霉素眼药水，可用来点眼睛以预防感染，而后用干净的纱布或手绢遮盖眼睛后再去医院治疗。

若是眼部受伤时，有异物直接刺入或划过眼球，导致眼球破裂，伤员自觉有一股“热泪”涌出，随即视物不清并伴有疼痛，此时救助者要让伤员立即躺下，严禁用水冲洗伤眼或涂抹任何药物，只需在伤眼上加盖清洁的敷料，用绷带轻轻缠绕包扎即可，严禁加压。包扎的目的仅在于限制眼部活动和摩擦加重的损伤，并减少光亮对伤眼的刺激。所有眼部外伤均需双眼包扎，以免眨眼带动伤眼转动而造成摩擦，使伤情加重，然后迅速将伤员送往医院抢救，不得耽误片刻，尽管有时仅为一眼，若得不到及时的治疗处理，另一眼也将会受到影响而失明。

7. 指甲受伤急救法

在日常工作中，常有指甲被挤掉的意外事故发生，但更多的时候，常常因意外事故导致发生指甲缝破裂出血的现象。

急救措施

(1) 指甲被挤掉时，最重要的是防止细菌感染。应急处理时，首先把挤掉指甲的手指用纱布、绷带包扎固定，再用冷袋冷敷，然后把伤肢抬高，立即去医院。

(2) 指甲缝破裂出血，可用蜂蜜兑一半温开水，搅匀，每天抹几次，就可逐渐治愈。

(3) 如果因外伤引起甲床下出血，血液未流出，使甲床根部隆起，疼痛难忍不能入睡时，可在近指甲根部用烧红的缝衣针扎一小孔，将积血排出，消毒后加压包扎指甲。

8. 手指切伤的急救处理

（1）如果出血较少且伤势并不严重，可在清洗之后，以消毒药布覆于伤口。不主张在伤口上涂抹红药水或止血粉之类的药物，只要保持伤口干净即可。

（2）若伤口大且出血不止，应先止血，然后立刻赶往医院。具体止血方法是：伤口处用干净纱布包扎，捏住手指根部两侧并且高举过心脏，因为此处的血管是分布在左右两侧的，采取这种手势能有效止住出血。使用橡皮止血带效果会更好，但要注意，每隔20～30分钟必须将止血带放松几分钟，否则容易引起手指缺血坏死。

9. 流血不止怎么办

（1）四肢或手指出血，应该马上用一块干净的纱布或较宽的干净布条将伤口紧紧地包扎住，如有条件，最好撒一些云南白药在伤口上再包扎。

（2）如果是鼻子出血，可以把头仰起，用手指紧压住出血一侧的鼻根部，一直到不出血为止。如果有干净棉球，可以把棉球塞进鼻孔里压迫止血。另外，可以用冷水浇在后脑部，这样会使血管收缩，从而达到止血的目的。

10. 失血性休克

（1）对于休克病人一定要注意，在用担架抬往救治处时，病人的头部应靠近后面的抬担架者，这样便于对休克者随时密切观察，以应对病情恶化。

（2）在将病人送往医院的途中，病人头部的朝向应与载他的交通工具（救护车、飞机等）前进的方向相反，以免由于加速作用导致病人脑部进一步失血。

紧急情况下常用求助电话

1. 常用特种电话及其用途

号码	名称	说明	收费情况
110	突发事件求助电话	限本地用户使用；遇到紧急情况，如被偷、被抢、打架等拨打110，讲清楚发生了什么事情，在哪里，请警察如何帮忙	免费
114	市话查询	本地、外地均可使用；查当地电话直接拨打114查询；查询外地电话需要在114前加拨长途区号	收费比市话费稍高
119	火警	限本地用户使用；遇火灾拨打119，说明火灾情况、具体地点；冷静回答对方的问题；不夸大、不缩小事实	免费
120	急救	限本地用户使用；讲清楚病人发病的情况，如果知道病人得了什么病，事先说明	免费
122	交通事故	限本地用户使用；说清楚出事地点，交警会及时赶到处理交通事故	免费
999	红十字会急救电话	使用方法和120相同	免费

使用公共电话特别提示：

1. 114 查询电话费用比市话费稍高，尽量减少查询次数和查询时间。

2. 要去固定的地点买卡，如店铺、邮局，不要随便在路边小摊上买，否则有可能买到假卡。

3. 避免打电话点歌、听笑话、陪聊天等，其话费比一般的市话、长途电话都要高。

4. 火警电话 119 和突发事件求助电话 110 都不能随便乱拨，否则要承担法律责任。

5. 全国各地通用的 110 专线，在手机打开后即使没有接收信号，甚至电力极为微弱，任何厂牌的手机在任何地点皆可拨通。它是遇险的最好求救电话，不插卡照样可以打 110。

2. 全国公共服务专线

电话	公共服务专线名称	主管部门
12300	电信用户申诉受理专线	信息产业部
12310	投诉举报专线	中央机构编制委员会办公室
12311	新华社新闻热线	新华社
12315	消费投诉服务专线名称	工商总局
12318	全国文化市场举报专线	文化部
12319	建设事业公益服务专线	建设部
12320	全国公共卫生公益服务专线	卫生部
12333	劳动保障公益服务专线	劳动和社会保障部
12338	全国妇女维权公益服务专线	中华全国妇女联合会
12341	各地市政府咨询类公益服务专线	各地市政府

续表

电话	公共服务专线名称	主管部门
12342	各地市政府投诉类公益服务专线	各地市政府
12343	各地市政府便民服务类公益服务专线	各地市政府
12345	全国市长（政府）热线	各地市政府
12346	各省、自治区政府公益服务专线	各省、自治区政府
12348	全国法律服务热线	司法部
12351	全国职工维权公益服务专线	中华全国总工会
12355	全国青少年维权和心理咨询服务热线	中国共产主义青年团中央委员会
12358	全国物价监督检查专线	国家发展改革委
12361	儿童少年慈善募捐专线	中华全国妇女联合会
12365	打假、投诉、举报、咨询专线	国家质检总局
12366	税务系统服务专线	国家税务总局
12368	全国法院系统服务专线	最高人民法院
12369	环保投诉举报专线	国家环保总局
12380	组织系统举报专线	中组部
12395	水上遇险搜救报警专线	由各地管理局核配
12117	报时号码	各运营商共用
12119	全国森林防火报警专线	由各地管理局核配
12121	天气预报号码	各级气象部门
12122	全国高速公路救援专线	由各地管理局核配

常用安全警示图片

禁止阻塞

禁止锁闭

禁止用水灭火

禁止吸烟

禁止烟火

禁止放易燃物

禁止带火种

禁止燃放鞭炮

当心火灾——
易燃物质

当心火灾——
氧化物

当心爆炸——
爆炸性物质

击碎板面

紧急出口

紧急出口

滑动开门

滑动开门

推开

拉开

疏散通道方向

疏散通道方向

消防水泵接合器

消防梯

灭火设备或报警
装置的方向

灭火设备或报警
装置的方向

消防手动启动器

发生警报器

火警电话

灭火设备

灭火器

消防水带

地下消火栓

地上消火栓